图解

幼儿园环境创设

上册

幼师口袋 编著

华东师范大学出版社
·上海·

图书在版编目 (CIP) 数据

图解幼儿园环境创设/幼师口袋编著. —上海: 华东
师范大学出版社 ,2018
ISBN 978-7-5675-7886-9

Ⅰ. ①图… Ⅱ.①幼… Ⅲ.①幼儿园—环境设计—图
解 Ⅳ. ① G617-64

中国版本图书馆 CIP 数据核字 (2018) 第 137733 号

图解幼儿园环境创设

编　　著　幼师口袋
责任编辑　罗　彦
责任校对　陈　易　时东明
插　　画　季佳晓
装帧设计　俞　越

出版发行　华东师范大学出版社
社　　址　上海市中山北路 3663 号　邮编 200062
网　　址　www.ecnupress.com.cn
电　　话　021-60821666　行政传真　021-62572105
客服电话　021-62865537　门市（邮购）电话　021-62869887
地　　址　上海市中山北路 3663 号华东师范大学校内先锋路口
网　　店　http://hdsdcbs.tmall.com

印 刷 者　上海锦佳印刷有限公司
开　　本　787×1092　16 开
印　　张　19.75
字　　数　512 千字
版　　次　2018 年 8 月第 1 版
印　　次　2022 年 6 月第 6 次
书　　号　ISBN 978-7-5675-7886-9/G·11217
定　　价　98.00 元

出 版 人　王　焰

序言

我是幼师口袋的创始人李砚君。

2015年7月，我从"幼儿园区角活动"这个微信公众号开始，从0到1，开启了幼师口袋的创业之路。在短短3个月的时间内，幼师口袋iOS版App成功上线，平台支持用户收纳与分享关于幼儿园环境布置、个别化区角活动等的图片素材与制作方法。随后，上线口袋学堂板块，为全国幼师提供实操、落地的专业在线课程，同时推出各类自主研发和用心挑选的幼教图书和产品，为全国超过200万的园长和教师提供专业的资源和支持，成功升级为全面的幼教资源分享与学习平台。今天，全国300万幼师群体里，每3名幼师就有2名在使用幼师口袋App。我们希望通过努力，成为全国幼儿园教师的联络者，促进全国园所和幼师的专业成长。

2017年夏天，幼师口袋的第一本出版物《解码幼儿园区角游戏设计》发行一个半月即售出超过5000册，大家的肯定令我们振奋，也鞭策着我们为全国幼儿教育实践工作者们编写更多具有实践指导价值和启发意义的作品。于是，这套《图解幼儿园环境创设》诞生了。

幼儿园环境的创设，是园所整体建设和日常运作中重要的组成部分，也是园所文化建设中最为外显化的部分。因此，我们希望用"图解"的方式为广大读者解析园所环境创设的方方面面，并在这个过程中启迪园所特色打造的思路和做法。在本套书中，读者会跟随我们的镜头，透过大量精美的实景图片走访多所上海市示范性和一级幼儿园，特色民办园和美国、德国的优秀园所。从园所简介到园所整体环境规划，从大厅到走廊，从操场到教室中的不同区角，你都可以逐一了解。全书分为上下两册。上册包含健康、科学、艺术、阅读四个部分；下册包含特色活动、国际视野两个部分。每一个部分介绍的园所均是在这一领域中做得尤为出色的，案例饱满，生动鲜活。相信当你打开这本书，一定会被这些充满教育智慧又创意无限的环境创设方法所征服，也定能由此迸发出更多属于你自己班级和园所的创意。

这套书的出版，还蕴含着我们的一个心愿。我们希望传递一种理念：幼儿园环境创设的本质，在于调动一切空间和情境资源，为幼儿的学习提供支持，激发创造、鼓励互动。我们坚信，幼儿园环境创设并不仅仅意味着"花花绿绿"的墙面布置和各种充满童趣的装饰，更重要的是，环境背

序言

后的是园长、教师的儿童观和课程观。只有当环境和这两者相互统一，园所的情境资源和课程资源才能完美融合。比如，一所体育特色幼儿园的环境所呈现的，绝不仅仅是各种脑洞大开的玩法和走廊内铺设的室内运动器材那么简单，它的背后，体现的是园所多年来在幼儿体育运动教育教学方面的思考、尝试探索和实践积淀。所谓对教育的理解渐入深处，园所环境创设的灵感便自然涌现。

为了给读者更好的阅读体验，我们将书中收录的每所幼儿园角角落落的全部空间照片都编辑成了精美的视频，上传至幼师口袋平台，读者可以打开幼师口袋 App，扫一扫该幼儿园文章的配套视频二维码，园所环境视频"码"上呈现，让你身临其境，真真切切地"走进名园"。

值得一提的是，全书的原稿均源自"走进幼儿园"这个幼师口袋微信公众号里最受欢迎的原创专栏。我们精选了这些文章中阅读量最高、最具有特色的内容，经过口袋研究院的丰富和完善，并在华东师范大学出版社编辑组的精心策划和帮助下得以成稿。

全书的撰写，更是得到了上海市多所幼儿园园长和教师们的大力支持，他们用开放的姿态向全国幼儿园分享了自己园所的特色实践和创意。这些做法，必将为各地的园所和教师带来启发，促成更多元的探索和实践。我们也热烈地期盼着全国的优秀园所都能够加入这个行列，以开放和分享激发交流与创新，幼师口袋将持续为优质的内容提供展示的平台，在提升办园品质、让教育更幸福的路上与全国幼教人携手同行！

幼师口袋创始人

李雅书

本书二维码使用方法

☐ 1. 扫码下载幼师口袋 App。

☐ 2. 点击 App 首页"扫一扫"功能。

⊞ 🔍 搜材料·区角·教案 🔔

☐ 3. 扫描文章下方的二维码。
（保持联网状态）

☐ 4. 幼儿园环境视频立即呈现。

目录

第一部分

健康特色

友情出镜

上海市嘉定区江桥幼儿园
上海市曹杨新村第六幼儿园
上海市黄浦区奥林幼儿园
上海市浦东新区冰厂田幼儿园
上海市实验幼儿园

01 3个月，打造出一个完全不一样的户外运动环境

——记一位男幼师的幼儿园户外环境改造计划

START!! 园所简介

特别鸣谢：上海市嘉定区江桥幼儿园

上海市嘉定区江桥幼儿园创建于1988年，秉承"厚实基础、和谐发展"的办学理念，探索并实践了"健康运动"和"慧心艺术"齐头并进的园本特色"健心课程"。幼儿园通过实施以探索式体育活动、轮滑、小足球为特色的"健康运动"课程和以书画、陶艺、多元选择性活动为内容的"慧心艺术"课程，来培养"乐动好静，性善喜美"的健康儿童。

吴振龙

吴老师毕业于上海体育学院社会体育专业。毕业后赴台研修幼儿体育，师从黄永宽教授。返沪后，吴老师专心于幼儿教育事业，现作为一线教师主攻健康领域中的幼儿运动板块，担任江桥幼儿园运动教研组组长。

传说中的那位3个月改造幼儿园户外运动环境的男幼师就是这位吴振龙老师（下文称小龙老师）。他到江桥幼儿园之后，在园长的支持下，结合自己的专业和对幼儿园户外运动环境的理解，开启了一项幼儿园户外运动环境改造计划。这项改造计划先从"锯木头"开始。

消防员要下来了哦!

改造要点一:
让材料发挥更大的价值

传说中被锯的滑梯

○ 改造原有的材料

为什么要把好好的滑梯给锯掉呢? 原来, 小龙老师在观察了幼儿在滑梯上的运动情况后发现: 大滑梯虽然有好几种方法可以爬上去, 却只有一种方法下来, 实在乏味, 幼儿很快就没了兴趣。这不, 在滑梯平台段的扶手栏杆处锯开一小块区域(半圆形镂空), 安装上护栏和滑杆, 瞬间, 幼儿就多了一种从滑梯上下来的方法。此外, 巧妙的半圆形设计不会占用滑梯本身太大的面积, 而且对幼儿来说, 也很安全。现在幼儿最喜欢在这里进行的便是消防局的模拟游戏, 一个个刺溜就滑下来了。

护栏

滑梯变得更好玩了耶

滑杆

老师: 别着急, 要一个一个爬哟!

哈哈! 爬上来啦!

攀爬

终于轮到我啦!

○ 发掘材料的新功能

梯子不仅仅是用来攀爬和搭桥的, 还可以用来锻炼臂力。数一数, 图里有多少梯子兄弟呀?

梯子2号

梯子1号

搭桥

梯子3号

坚持！加油！

锻炼臂力

○ 组合材料更有趣

这些器材可不是随意摆放的，其中蕴含了教师精心且巧妙的设计，比如轮胎和垫子的位置。

哎哟，上来了！

为什么这里要放轮胎呢？

组合材料

○ 适时调整和变化材料

帐篷"隧道"

简单的材料稍加改变，再跟户外活动相结合就可以变换出不同的玩法。图中的帐篷像极了军用帐篷，有时被安置在综合区里充当"隧道"，幼儿对这块帐篷内的黑暗空间充满了好奇。这一设计既增添了游戏性，又给了幼儿一次挑战"黑暗"的机会。

冲啊——

设置好材料之后，教师还要观察幼儿的活动情况，适时调整材料，不断提升活动的挑战性，激发幼儿一次次探索的兴趣。例如，幼儿对借助绳索爬"城墙"都已经非常熟悉了，小龙老师便把绳索缩短了一半，幼儿必须通过助跑冲上斜坡过半，才能抓住绳索继续向上攀登。

缩短绳索

瞧这个女孩儿，那矫健的动作和快乐的神情给人留下了深刻的印象。

改造要点二：
户外运动区域和材料的重新规划

条条大路通罗马。

综合区

○ 户外运动区域的划分

在一开始，江桥幼儿园是按照动作技能划分运动区域的，比如跑跳区、投掷区等。但小龙老师认为，幼儿在户外跑跳的运动量是完全充足的，为什么还需要专门设立这样的区域？传统的按动作技能来划分户外运动区域的做法，在调动幼儿的积极性以及促进运动的可持续性与发展的均衡性上，似乎都暴露出了不足。于是，在小龙老师的带领下，江桥幼儿园的教师们在 3 个月的时间里对户外运动区域进行了大改造。

经历了按照动作技能划分区域到按照器材划分区域，又从按照器材划分区域到按照主题划分区域，最后活动区变成了现在这样一个处处体现"融合"的户外运动区域。当然，这是所有教师一起劳动的结晶。在改造的过程中，幼儿园的教师们翻阅了很多户外运动的相关文献并在此基础上结合实践，一点点地进行调整和反思，最后才形成了现有的运动区域格局的划分，即综合区（由平衡区、跑跳区、悬垂区、车区等组成）、军事区、球区、天井区以及勇敢者的道路。

天井区

大家看，我爬得高吧！

开战！

军事区（1）

军事区（2）

球区

○ 组合不同的运动器材

运动器材之间的各种神奇"组合"也是这里的一大亮点。幼儿已熟悉的材料，通过重组又焕发出"新鲜"的魅力，以满足这些"需求强烈"的幼儿。例如，在单杠、双杠下方加上垫子，除了能保护幼儿外，还能使他们放心地做出高难度的动作。

单、双杠和垫子组合

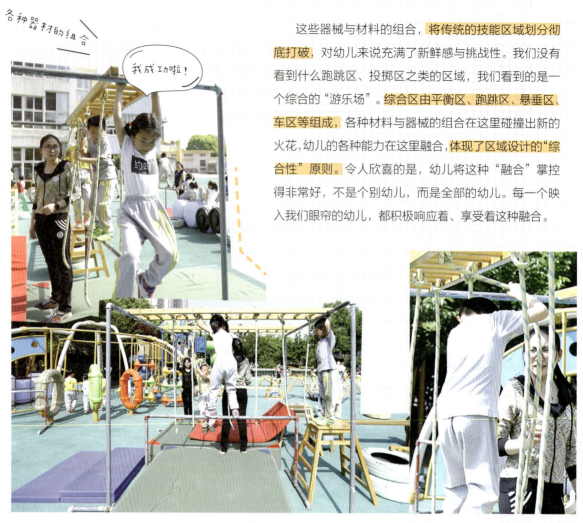

各种器材的组合

我成功啦！

这些器械与材料的组合，将传统的技能区域划分彻底打破，对幼儿来说充满了新鲜感与挑战性。我们没有看到什么跑跳区、投掷区之类的区域，我们看到的是一个综合的"游乐场"。综合区由平衡区、跑跳区、悬垂区、车区等组成，各种材料与器械的组合在这里碰撞出新的火花，幼儿的各种能力在这里融合，体现了区域设计的"综合性"原则。令人欣喜的是，幼儿将这种"融合"掌控得非常好，不是个别幼儿，而是全部的幼儿。每一个映入我们眼帘的幼儿，都积极响应着、享受着这种融合。

看这专注的表情！

据幼儿园的教师介绍，这些综合区的装置都不是固定的，不是一成不变的，是幼儿自己参与搭建的，几乎每天都有变化。在这样的情况下，幼儿依然能娴熟、流畅地完成一个个动作，这就充分体现出了：他们的运动水平不仅仅停留在某一个动作技能上，更体现在了灵活运用自己的能力去挑战全新的事物上。

幼儿自己搭建的装置

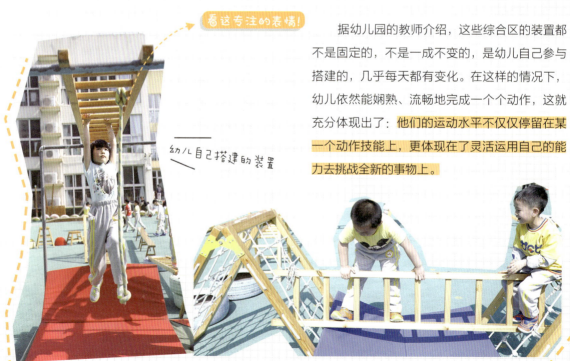

下面的几个女孩儿拥有特别的"交通工具"——轮胎。

走轮胎

惊艳的走轮胎技术。

谢谢！

我来帮你。

前后移动重心

轮胎上的小朋友会尝试通过放低身体重心、弯曲膝盖、前后移动重心等方式来保持平衡，如果失败了，她就会自己跳下来再重新尝试。教师在整个过程中都没有过多干预，把充分体验运动的权利交给幼儿。

放低身体重心

改造要点三：
转变教师的观念，从主导变为支持

在幼儿运动时，教师最重视的必然是幼儿的安全，所以在很多的运动活动中，教师难以做到放手。他们试图保障幼儿在游戏中的绝对安全，但是这种回避式的安全教育真的有用吗？在教师主导和控制下的户外游戏对于幼儿来说往往丧失了挑战性，渐渐变得一点也不好玩。为了改变这种现状，小龙老师认为教师的观念需要革新。

⊙ 第一步：教师自己先去尝试，先去玩儿。

怎么确定器材是否安全？教师自己可以预先体验一下，==自己都没试过，又怎能知道幼儿可能产生的游戏感受？==

⊙ 第二步：鼓励教师放手，让幼儿在体验式的运动游戏中逐渐学会保护自己。

安全教育不应该只是告诉幼儿什么不能做，而应在不构成幼儿生命危险的前提下创造条件，准备好必要的防护措施，让幼儿在实际操作和体验中学会保护自己。

教师的站位

垫子的宽度

例如，面对简单的两根铁质水管，幼儿可以站立着过、倒挂着过、正着过、反着过……只有你想不到，没有他们做不到。在这种情况下，教师要如何支持幼儿活动呢？

鼓励教师放手并不是让教师什么都不管，放手的前提是细心周到的考虑和精心准备的环境和材料，比如教师的站位以及水管下垫子的宽度。教师并没有亦步亦趋地用手前后护着幼儿，而是聚精会神地注视着幼儿的动作，并且保持站在跨一步就能保护到幼儿的位置；这里挑选的垫子比两根管子本身的间距要宽出许多，这也是考虑到，如果幼儿不小心从活动装置上跌落，这样足够的宽度能真正保护到幼儿。这些可供所有教师在创设环境与提供材料时参考。

再举个例子，攀岩墙边的垫子如果横着放，幼儿万一真的摔下来，这样的摆放方式并不能起到保护的作用，因为幼儿身体的大半部分会落在垫子的外面。是的，==从实际场景出发考虑尤为重要。==

哪里来的轮胎？

轮胎保护

让幼儿在进行平衡运动时张开双手，有助于他们保持平衡。

注意力超集中……

张开双臂，保持平衡

这里为什么要放一个轮胎呢？因为从幼儿运动的实际情况考虑，幼儿跳下时会有缓冲，小脑袋有可能会触碰到前面的板凳，这个轮胎便起到了保护的作用。

此外，教师要观察运动中的幼儿，合理地安排擦汗与饮水时间也是非常重要的。

爽啊！

饮水时间

当教师的观念改变之后，幼儿的身上会发生哪些变化呢？例如，一言不合就开始爬杆子，在攀爬架上享受"高级"风景。

"高高在上"的幼儿

倒挂时保持平衡

倒挂着的幼儿

在天井区里，又遇到了一大波"开挂"的"女主人"。她们手握拉环，正着翻、反着翻，不借助任何人的帮助，自己助跳一下，或是借力于面前的木头柱子，"嗖"地一下就倒挂着了。

通过前后微调脚的角度，幼儿能够在倒挂着的情况下保持身体的静止和平衡，真是厉害！

在天井区旁有个城堡样的建筑，幼儿必须通过助跑上坡，在坡程过半处才能抓到"城墙"上的绳索，再通过手脚协同的方式爬上"墙头"。

我有自己的爬法！

也有小男生不走寻常路

平衡高手

臂力非凡

传统的钻爬装置早就不能满足这群幼儿了。瞧，他们找到了与自己能力相匹配的活动方法。这群幼儿超强的运动能力，源于他们对自己身体的良好控制。简单地说，他们经常"使用"自己身体的各个部位，自然熟能生巧。当然，这离不开幼儿园的环境与器材的支持，更离不开教师的信任与"放手"。

改造要点四：让幼儿做运动场的主人

○ 搭建"我们"的运动场

瞧瞧这片宽敞的综合区运动场地，据说，器械和材料都是大班幼儿自己摆的，完全按照他们自己的意愿，并且每次都不重样。在这里，幼儿可以有多种方法上滑梯。

幼儿放在这里的轮胎，你知道是做什么用的吗？这是幼儿自制的"跳马"。

○ 玩儿"我们"的游戏

在户外运动区域，幼儿有权决定自己想玩什么游戏。比如，幼儿有段时间特别热衷于玩战争游戏，于是便建造了属于自己的"军事区"，"大战"一触即发。

多种方式上滑梯

猜猜我咋玩？

自制"跳马"

第一步：搭建阵地

哈哈，敌人这下看不见我啦！

第三步：寻找战友

第二步：测试阵地高度

○ 制定"我们"的规则

　　一踏入操场，小龙老师就提醒我们，记得要遵守"交通规则"，走人行横道线，不能随便违规跨越。果然，在操场上，我们看到了几处画了横道线的地方，幼儿都在"马路"上有序地"驾驶"。幼儿的自主性也体现在制定规则上。

幼儿可以选择各
种不同的"交通工具"，
在"马路"上驰骋。

各种"交通工具"

从梯子上走

在勇敢者的道路这一区域，大班幼儿
已经玩得非常熟练了，那么干脆让他们制
定自己的玩法和规则：架个梯子，从上面
走。

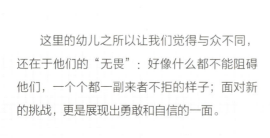

勇敢和自信

这里的幼儿之所以让我们觉得与众不同，
还在于他们的"无畏"：好像什么都不能阻碍
他们，一个个都一副来者不拒的样子；面对新
的挑战，更是展现出勇敢和自信的一面。

小龙老师对大班幼儿提出了新的挑战：能不能在荡出去后，再回到原来的地方；能不能用一只手完成"飞越"。

挑战用一只手完成"飞越"

玩点儿新花样

看我的！

这边的幼儿也在小心翼翼、全神贯注地挑战新线路。

我要不走寻常路。

爬网上的新路线

在江桥幼儿园，我们看到了运动中的幼儿的**快乐、自信、自主、投入**，其间几次情不自禁和小龙老师说，这里的幼儿颜值怎么都那么高。现在想来，也许就是他们在运动中这样的状态与精神面貌让他们闪闪发光！

自信

快乐

自主

投入

一起踢足球

○ 我们一起玩儿

运动的能力并不仅仅体现在个人的能力上，同伴合作也尤为重要。

比如踢足球，球不在自己脚下时，时刻关注着大家的动态以及自己的机会；控球的时候，也要首先考虑到同伴的位置，通过团结合作实现最终进球。

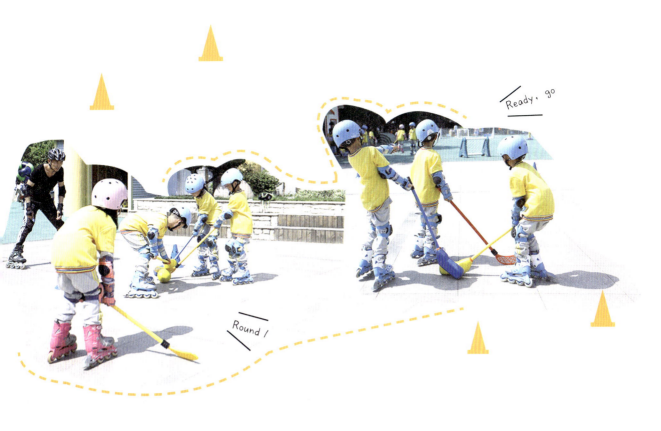

Ready, go

Round 1

写在结尾

　　经过改造后的江桥幼儿园，其户外运动环境处处体现了以幼儿的运动体验为核心，重视体验与过程，给幼儿放权、不断提供新的挑战，推进活动与器材融合、区域与区域融合，以及运动与游戏融合的特征。在这里，幼儿就是户外场地上的主人，他们的身影活跃在每一个角落。改造户外运动环境的最终目的还是为了给幼儿提供更具有支持性的环境。小龙老师用了3个月的时间就让幼儿收获了快乐、自信、自主、投入，有什么比这样的改变更有意义呢？

作者：宋雪珠　　拍摄：宋雪珠、盛俞婷
审稿：颜萍萍
（文中部分图片由幼儿园提供）

扫一扫二维码，观看视频

02 如何把 10 平方米的空间打造成 100 平方米的运动游戏空间

START!!

园所简介

特别鸣谢：上海市曹杨新村第六幼儿园

上海市曹杨新村第六幼儿园创建于 1976 年，是一所公办一级幼儿园，是上海市幼儿心理健康教育实验基地和普陀区绿色学校。在"人本有礼、互动成长"这一办园理念的引领下，幼儿得到了"健康、乐学、知礼"的和谐发展。

户外环境的打造

曹杨新村第六幼儿园环境小巧精美，户外绿树成荫、鸟语花香，虽面积狭小，但教师为了满足幼儿的运动需求，因地制宜地挖掘园内每处可利用的空间，合理划分运动区域，投放大量满足幼儿动作发展且能使其身心愉悦的运动器材。此外，教师还创设了一些饶有风味的沙水池、小农庄、动物饲养角等设施，使幼儿能亲近自然，充分体验运动和游戏的快乐。

○ 洗手区

鸭嘴龙头

可爱又人性化的鸭嘴龙头，不仅能吸引幼儿入园时主动洗手，还便于个子不高的幼儿接水。

生活小窗口

早上来园时，家长可以清楚地从生活小窗口了解到当天的生活指数及运动建议。

○ 小农庄

小农庄里的环境布置也别有一番风味。这里有中国结、稻草人、水井、水车等设备和物品，对城市里的幼儿来说，能这样零距离地接触"农家乐"，实在是太珍贵的体验了。

小农庄

○ 运动区

在这样一块并不是很大的场地中，包含了各种可供投掷、跳跃、攀爬、练习平衡等的运动设备。

运动区

投掷区

教师根据幼儿的经验和兴趣创设了各类投掷主题区，比如飞镖、行星投掷、雨伞投掷等区域。其中雨伞投掷就是在伞面上挖一些洞，然后将伞倒挂起来，这样投进去的球就会自己掉下来了。

太有创意啦!

投掷区

在户外场地有限的情况下，可以多开展些纵向运动（如：跳跃等），这样的点子同样可以运用到室内运动中。

对面会是谁呢？让我跳起来看看。

猜猜他是谁

攀爬区

在幼儿园的角落里，还设置了丰富多样的攀爬项目。

比如运球活动，就是把球运到管子的上方，再投入不同的管子让其落下。通过最左边的三段式银色管子还可以让幼儿观察球的下落过程，巧妙地把科学探索融入运动中。

有了游戏动机，幼儿重复完成单一动作的积极性会大大提高。

快成功啦！

攀爬区

观察球的下落过程

这根绳子可以供
幼儿玩荡绳游戏。

能这样"爬上树",可不是在
每个幼儿园都能干的事,其实只
要安全工作到位,多开展一些这
样充满野趣的活动,幼儿绝对能
玩得尽兴。

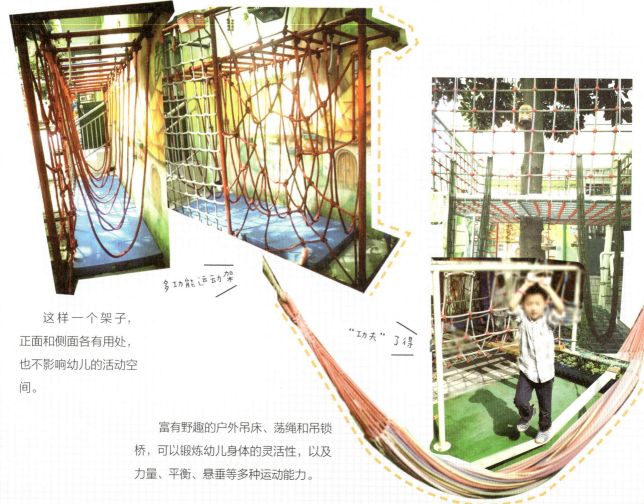

这样一个架子,
正面和侧面各有用处,
也不影响幼儿的活动空
间。

富有野趣的户外吊床、荡绳和吊锁
桥,可以锻炼幼儿身体的灵活性,以及
力量、平衡、悬垂等多种运动能力。

○ 玩沙池

玩沙池如果被稍加改造,其功能就大不一样了,比如,玩沙池边上的墙也可以被充分利用起来,成为一面攀岩墙。

玩沙池边的攀岩墙

运动场景示意图

○ 混龄运动

在组织中、大班幼儿开展混龄运动时,可将各个运动场景的示意图用照片的形式呈现在户外墙面上,使幼儿对玩法一目了然。同时,教师会给完成某项运动的幼儿发一个对应颜色的手环。这样不仅可以激发幼儿参与游戏的热情,也满足了他们对成功的体验。

统计手环数量

不同颜色的手环

运动结束后,幼儿会自主地把手环放回教师事先提供的一个筐里,教师会在自制的表格中统计各个筐里的手环数。当某个颜色的手环数开始减少,就说明教师需要对该运动区进行适当的调整了。

运动小明星

此外,幼儿园会在每个月定期举办运动小明星评选活动,这也是鼓励幼儿积极参与运动的好办法。

顶部活动区

○ 顶部活动区

这块地方是幼儿园的运动器材室。值得一提的是，为了拓展幼儿的运动空间，用心良苦的园长还特地和附近的小区居民协商，在器材室上方增设了一层顶部活动区。正因为这样，幼儿才可以开心地在这里玩"运货"的游戏。

我是交通标志！

我是红绿灯！

我是桥！

○ 骑车通道

器材室边上的这条狭长通道，用来给幼儿练习骑车通行最合适不过了。

在这片区域中，教师投放了各种模拟生活场景的道具，如：隧道、桥、红绿灯、交通标志等，让运动更具情境性。

器材室边的通道

隧道

特色建筑物展示板

在通道边上，还展示着上海特色建筑物的照片。

○ 小空间的收纳窍门

在整个户外环境区域，挂钩是随处可见的物品，可以挂一些轻质的运动器材。此外，当幼儿运动时，他们可以将脱下的衣物随机挂在钩子上。

好热，把衣服挂上。

到处可见的挂钩

把运动器材挂好

运动结束后，幼儿还可以自己把运动器材挂回原处，培养他们"物归原处"的好习惯。

安置在操场边上的大网袋可用于收纳皮球。幼儿甚至可以在没有教师帮助的情况下自主取放。

操场边的大网袋

室内环境的打造

○ 门厅

幼儿园的门厅非常狭小，总共只有5平方米左右的空间，但是这样狭小的空间也能被改造成幼儿的游戏空间。

教师在遮阳布上挖了几个洞。当开展室内运动时便把它放下来，这样就可以让幼儿玩投掷游戏了，不用的时候再拉上去，收放自如，一点儿也不占用空间。

收放自如的遮阳布

○ 走廊、楼梯

对于一家场地非常有限的幼儿园来说，走廊、楼梯的功能可不仅仅局限于让人通过，它们也是幼儿进行室内运动的好场所。充分利用好每层楼的走廊，可以进一步拓展幼儿的活动空间。

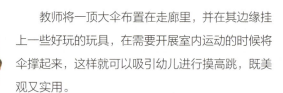

变成大伞啦

教师将一顶大伞布置在走廊里，并在其边缘挂上一些好玩的玩具，在需要开展室内运动的时候将伞撑起来，这样就可以吸引幼儿进行摸高跳，既美观又实用。

收起时

教师可以在走廊的墙上设置一些互动的游戏情境。比如"打地鼠"游戏，把能发出不同声音的乐器固定在墙上，让幼儿敲打，或让幼儿按照数字顺序进行敲打，简单又好玩。

又如"穿越火线"游戏，教师在走廊两边都固定一些粘钩，在开展室内运动时，让幼儿自己把皮筋挂起来，这样就可以玩"穿越火线"的游戏啦！

投掷和摸高跳

教师在走廊的上方挂了一张网，并在网内放置了一些纸球，这样幼儿既可以玩投掷游戏，又可以玩摸高跳，不用的时候收纳起来也非常方便。

"打地鼠"游戏

我打那个呢？

我是特工！

"穿越火线"游戏

数一数,这里有几种锁呢?

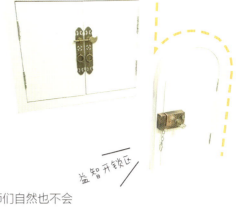

益智开锁区

对于楼梯,教师们自然也不会放过,物尽其用,利用楼梯的特点创设出好玩的游戏场景。

互动式主题墙

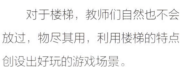

〇 教室

主题环境墙面

在曹杨新村第六幼儿园的教室里,主题环境墙面体现的是一种互动式墙面的理念。正因为地方不大,在充满智慧的教师眼里,墙面也应该成为幼儿自主学习的好地方。

所有的主题墙都是"会动"的,幼儿一定会忍不住去探索一番。

能"开"的"车"

老上海"石库门房子"的"门"是可以打开的,看看里面都有哪些关于老上海的故事呢?

磁铁和硬币相吸的现象大家都知道,用心的教师就利用这一点把它们运用到环境布置中,让墙面"活"起来。

能打开的"门"

生活区的墙面

吃完点心的幼儿可以用"小饼干"把自己的照片盖上，既有趣又便于教师观察和提醒没有吃点心的幼儿。

每个教室里都配备了录音点读笔，现代化技术被充分运用到了幼儿的自主学习中。

饼干墙

我想知道这是什么？点一下吧！

知道有几个小朋友吃了饼干吗？

为了帮教师了解幼儿的特殊需求，教室里还专门设有一面"健康娃娃墙"，主要记录了幼儿一天的健康状态和特殊需要，如：生病吃药、饮食忌口等。亮点在于，教师也能在这上面记录自己的状态，墙面最下方的三个黄色爱心就代表了三位教师。这又有什么用处呢？原来，这是为了让幼儿也了解到教师的特殊需要。幼儿身边不缺少关爱他们的人，那是不是也应该让他们学着去关心他人呢？

代表老师的爱心。

健康娃娃墙

洗手池

○ 特色活动室

娃娃家

这里的娃娃家可不一般，游戏材料都是"真材实料"，为的就是让幼儿体验到最真实的生活。

"真材实料"的娃娃家（1）

小号的锅碗瓢盆，小号的汤勺，这里还真是一个"小人国"呢！

我们可不是玩具哦！

"真材实料"的娃娃家（2）

建构室

幼儿园的顶楼是一个托马斯主题建构室，分室内和室外两区域。室内区空间较小，可供幼儿玩一些小块的积木，如乐高。

室内区

托马斯建构室

室外区

最好玩的是，在这里还能体验烘焙的乐趣哦！

室外区建在天台上，天气好的时候，幼儿可以在这里尽情发挥自己的建构创意。

开着"飞机"去旅游咯！

图书室里的小运动区

图书室

为了充分利用幼儿园狭小的空间，图书室的设计利用了走廊中的一小部分空间，采用了错层设计的方式，极大地提高了空间的利用率。值得一提的是，这里的活动室基本上都是敞开式的，同样空间有限的幼儿园可以参考一下。因为在开展室内运动时，这里也可以作为一块很不错的运动场地。

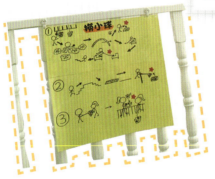

玩法图

写在结尾

曹杨新村第六幼儿园虽然是一个场地极其有限的幼儿园，其环境布置却处处体现了园长和教师的智慧和先进理念：把有限的地方用到极致，便成了一种精致，因地制宜地把小小的空间打造成足够实用的游戏空间。

作者：沈景怡　　拍摄：沈景怡
审稿：颜萍萍
（文中部分图片由幼儿园提供）

扫一扫二维码，观看视频

03 运动特色幼儿园之户外混龄运动开展攻略

——晨间户外活动全纪录

START!! 园所简介

特别鸣谢：上海市黄浦区奥林幼儿园

上海市黄浦区奥林幼儿园是上海市公办一级一类体育特色幼儿园。在长期的教育实践中，奥林幼儿园已形成了鲜明的办园特色，"快乐体育"使奥林幼儿园的每一个幼儿都能在运动中增强体魄，在运动中提升经验，在运动中获得快乐。

户外环境一览

在一个春寒料峭的日子，我们早早来到了奥林幼儿园，拍摄了几张幼儿园户外运动环境的照片。再过一会儿，幼儿园的户外活动时间就到了，这里很快就要被幼儿的欢声笑语和快乐身影所淹没。

攀爬区与平衡区

攀爬区

投掷区

户外环境

小池塘

○ 井

在幼儿园的户外活动区域里，居然有一口真正的井，这满足了城市里的幼儿对井的好奇心。出于安全考虑，细心的教师将井盖封了起来。

井

○ 洗手区

教师别出心裁地将脚踏板运用到了洗手台中，幼儿踩着脚踏板就能使水龙头出水，即方便又不会因幼儿忘关水龙头而浪费水。

不同身高的幼儿可以选择不同高度的洗手台。

脚踏板

洗手区

运动前的准备工作

运动前的热身

○ 热身

幼儿的户外活动时间到了，不同班级和年龄阶段的幼儿陆续来到了户外。为了保证运动中的安全，他们会先进行运动前的热身活动。

○ 搭建器材

热身之后，幼儿可以开始玩自己喜欢的游戏了吗？当然不是。他们得先按照教师的指挥，在塑胶运动场地上将各种运动器材搭建好。接下来，我们看到了一片繁忙的搬运、创设、搭建运动器材的景象。幼儿熟练、自主地搬运着运动器材，早晨的操场是由他们掌控的，教师只是站在幼儿身后支持、鼓励、推动他们的每一次成功。

一片忙碌的景象

嘿哟！嘿哟！

一边摆放，一边就迫
不及待地先玩起来了。

看我的！

忙碌的幼儿

户外活动

在幼儿园的户外塑胶场地上，幼儿可以开展的
活动主要包括车类游戏、平衡类游戏、攀爬类游戏、
投掷类游戏、悬垂类游戏、钻爬类游戏和球类游戏等。

〇 车类游戏

车类游戏是幼儿非常喜欢的活动之
一。幼儿园在户外投放了丰富的车类玩
具，包括单人玩的滑板车、自行车，双
人合作玩的小拖车，还有自制的轮胎车
和可以移动的木板车等。幼儿在游戏中
不断尝试着各种新的玩法，玩得不亦乐
乎！

不要开到
路外面哦！

滑板车

不错，真舒服！

小拖车

一个当乘客，一个当"司机"，两个人合作，一起玩、乐趣多。

小拖车

轮胎车

在轮胎上穿根粗绳子，轮胎车就做好了，这更考验"司机"的力量了。

感统滑板车

幼儿可以趴着玩，也可以坐着玩，创意无限。

自制的轮胎车

大家慢点开，一辆接一辆，要遵守交通规则哦！

感统滑板车

○ 平衡类游戏

平衡类游戏区的大部分器材都是幼儿自己搭建的。
自己搭建自己玩，可真有意思，而且每天都不一样。

○ 攀爬类游戏

　　幼儿园充分利用现有的墙面、支架、立柱、斜坡以及原有的自然环境优势等，搭建了一系列适合幼儿攀爬的设施。

没关系，别着急，我们等你！

攀爬架

绳梯

终于爬上来了。

绳网可以保证幼儿的安全。

大家小心啊！

过小河

每个幼儿都沉浸在跑、跳、钻、爬、拖拉、攀高等运动的乐趣中，每一项运动锻炼的都不是幼儿单一的运动能力，他们的反应速度、协调性、平衡性、敏捷性都在不知不觉中得到了提升。

轮胎山

沙地中的挑战

教师根据幼儿园户外每个角落周围的环境，放置了各种不同的运动设备，为幼儿的户外运动创设情境，设置挑战，增强运动的趣味性。

悬空的阶梯

我可以爬过去！

我也可以走过去。

那我就悬吊着过去。

草丛中的挑战

○ **投掷类游戏**

　　教师在布上挖出一些形状各异的洞，幼儿拿着各种玩具向洞投去，玩得不亦乐乎。

布上投掷

悬垂活动架

○ **悬垂类游戏**

　　悬垂类游戏区有各种活动架，也有幼儿自己组装的器材，甚至还有滑索。

组合式悬垂区

滑索

在教师的帮助下，幼儿也可以体验一把飞越幼儿园的惊险和刺激。滑索区下方有许多轮胎，可以起到保护幼儿的作用。

钻爬游戏

○ 钻爬类游戏

在钻爬架下方摆放饮水桶，既增加了挑战性，也富有趣味性。

有我们在就安全啦！

○ 球类游戏

在幼儿园也可以玩沙滩排球。幼儿穿上特制鞋套，在玩沙区拉上球网，一场精彩的比赛开始啦！

沙滩排球

这样沙子就不会跑进鞋子里啦！

我能滚，还很有弹性。

在自主运动中，幼儿借助于操作物来熟悉物体的特性（如球的特性是能滚、有弹性）；通过参与活动，促进身体的协调发展。

有我在，你可没那么容易进球！

40 60

足球

其他

除了以上各项运动外，教师们还设计了许多特色活动，如：肚皮撞撞撞、跳梯子、击剑和举重等。

肚皮撞撞撞

跳梯子

击剑

我们常说，幼儿在幼儿园阶段获取经验的途径是多样的，这个举重活动看似是体育活动，却隐含着不少科学领域的内容。活动中，幼儿细细打量着教师自制的教玩具，他们在运动的同时，还获得了数学的经验。

举重

让我想想，该放那瓶呢？

混班户外体育区域活动的优势

自己拿出的材料自己收

混班户外体育区域活动打破了班级界限，让幼儿可以自由结伴、自选内容、自主活动，在独立或合作运动中提高自主运动能力，使每个幼儿的基本动作、运动能力、个性等在不同水平上均得到发展。

当幼儿全身心地投入户外运动时，时间似乎过得特别快，不知不觉间，运动的时间就要结束了。但令 1b＋老师感到惊奇的是，幼儿并没有表现出那种不尽兴的不舍或是抱怨"怎么那么快就结束了"，取而代之的是，幼儿玩尽兴后的酣畅淋漓，以及他们风风火火收拾器材的场面。

在这么多双灵巧的小手的帮助下，不一会儿，热闹的运动场就又恢复了平静。幼儿在欢畅的运动和力所能及的劳动中获得了满足。

写在结尾

在短短几十分钟的户外区域运动的时间里，1b＋老师应接不暇地感受着每一个幼儿的愉悦与畅快。他们自由自主地在户外玩耍、锻炼、探索，把小小身体里的大大能量挥洒出来。有哪个幼儿不高兴？有哪个幼儿不兴奋？

幼儿身体里的每一个细胞都处于运动的状态，走、跑、跳、爬、钻、拖、拉、踢、举、抛、接、投、悬垂、击打……他们自主选择、自由结伴。活动中，幼儿的每一个动作都得到了发展，他们注意力集中、反应迅速、平衡感好、耐力强、勇敢、细心、有毅力、擅于在活动中解决问题。奥林幼儿园的中、大班幼儿在这场混龄区域运动中，展现出了那么多优秀的品质，让1b＋老师不禁感慨：爱运动的小孩最快乐，快乐的小孩更聪明！

作者：宋雪珠   拍摄：宋雪珠、沈景怡
审稿：颜萍萍
（文中部分图片由幼儿园提供）

扫一扫二维码，观看视频

14 种室内运动教玩具，让走廊变身游乐场

START!! 园所简介

特别鸣谢：上海市浦东新区冰厂田幼儿园

上海市浦东新区冰厂田幼儿园创办于 1952 年，是一所有着悠久园所文化的上海市示范性幼儿园，同时也是上海市二期课改实验园、上海市家庭教育实验基地、浦东新区双语实验幼儿园。以"培养身心和谐发展的阳光儿童"为目标，冰厂田幼儿园倡导自发探索、自主积累的体育运动观，打造出了运动区域特色课程。

如今，城市室外的空气质量大不如前，雾霾愈发严重，不利于幼儿开展户外运动，但是室内运动空间有限，大型运动器械也搬不进室内，在这种情况下，幼儿运动的多样性、运动量、运动兴趣该如何保证？如何在确保幼儿健康成长的同时，又能使他们获得充分的锻炼机会，成为了幼师们需要解决的一个新课题。现在，就和 1b+ 老师一起走进这家拥有运动区域特色课程的幼儿园——冰厂田幼儿园，也许你可以获得不少启发。

冰厂田幼儿园的教师动足了脑筋，不断丰富各类素材和玩法，改变多种运动的形式，并将这些运动移到室内进行，通过有趣的室内区域运动来全面发展幼儿的跑、跳、协调、平衡等能力。那么，冰厂田幼儿园究竟有哪些好玩、有趣的活动呢？一起来看下吧！

这里每条走廊都被充分利用了起来，用适宜的方式收纳着对应各种小运动的材料与用具，不仅极大限度地利用了空间，而且也更加方便幼儿随时取用材料进行玩耍。

另外，让我们颇感意外的是，粘贴在墙面上的玩法小提示非常简单，只有一个英文单词 / 词组（冰厂田幼儿园也是双语特色幼儿园），外加一组说明玩法的照片。冰厂田幼儿园的教师基本上只提供材料，玩法照片也仅供幼儿参考，他们更鼓励幼儿自己用多种形式去探索材料，"发明"新的玩法，因为幼儿才是最会玩的人。

1b+ 老师不禁要为这种做法点赞，他们的做法切切实实地体现了幼儿园教师是幼儿活动的支持者、合作者和引导者的理念。

神奇的浮力棒

1. 将各种不同颜色的浮力棒拼接在一起。

2. 把它们摆放在地上模拟成各种不同的"路"，幼儿自行选择穿越的方式，或跳，或跨越。

3. 活动结束后可直接将浮力棒挂回到墙壁上，省力又方便。

神奇的浮力棒

楼梯运球

1. 选择轻巧的大龙球，让幼儿将它们从楼梯的下方运送到楼梯的上方，从而锻炼幼儿上肢与下肢的协调能力。

2. 到达楼梯上方之后，幼儿可以通过让球自上而下滚落，感受重力的作用。

楼梯运球

纸球

纸 球

1. 将废旧纸张捏一捏、团一团就能变成好玩的游戏材料了。

2. 一人抛，一人接；一人抛，一人躲或者多人躲；多人组成两队比赛投掷，约定好比赛时长，比比看哪一队扔进桶里的球最多。

身体保龄球

玩法

1. 准备好四方形的滑轮车、头盔和轻巧的废旧纸盒或装水的塑料瓶。

2. 根据走廊的宽度,可以让2~4名幼儿同时参与游戏。幼儿趴在滑轮车上,约定好起点位置,"身体保龄球"准备就绪。开始后幼儿双手划动小车,加速往前冲。

3. 先到达终点的幼儿会撞倒纸盒墙或塑料瓶。

4. 幼儿可轮流游戏,看谁一次性撞倒的纸盒数或塑料瓶数最多。

身体保龄球(1)

冲呀!

身体保龄球(2)

纸盒墙的收纳

云朵吊饰

扔纸飞机

玩法

1. 幼儿可以自行制作喜欢的飞机,也可从走廊旁边的篮子里选择制作好的纸飞机。

2. 投掷手里的纸飞机,比比看谁的飞机飞得最远。

3. 挑战一下,能否让纸飞机穿过高高低低的"云朵"。

愤怒的小鸟

撞到我们会有声音哦!

玩法

1. 在软垫上贴上小猪的头像,把软垫竖直靠在墙脚。

2. 在走廊里系上一条松紧带,作为大大的弹弓。

3. 幼儿把自己当成"小鸟",腰部抵着松紧带,拉满朝着前方的小猪发射。当幼儿撞到小猪时它还会发出声音哦!

愤怒的小鸟

平衡球

玩法

1. 将纸筒和纸盘粘贴在一起,变成运送小球的工具。

2. 幼儿将小球放到纸盘上,从走廊的一头走到另外一头,尽量保持不让小球掉落。在行走中运送小球,可以锻炼幼儿的手眼协调能力和平衡能力。

3. 当幼儿熟悉玩法之后,可以多人同时游戏,比比看在规定的时间内,谁能够成功运送更多的小球。

平衡球

拍拍板

玩法

1. 自由装饰纸盘。

2. 将两个纸盘粘贴在一根木条的两端,制作成拍拍板。

3. 在走廊上方拉几根绳子,在绳子的不同位置悬挂拍拍板,拍拍板的位置有高有低。

4. 幼儿走过走廊时,可以奋力跳起来用手拍打拍拍板,也可以用纸球投掷拍拍板,还可以跳起来用自己的额头去顶拍拍板,被"击中"的拍拍板会翻上好几个跟头呢。

看谁能让我翻跟头呢?

拍拍板

枕头大战

枕头大战

玩法

1. 在地上铺上软软的地垫，走廊一角就成为了小班幼儿嬉戏的乐园。

2. 幼儿可以在这里和小伙伴们一起扔枕头、玩枕头。让幼儿在这个角落尽情撒野可以帮助他们舒缓刚入园时的分离焦虑，并且还大大地增加了他们的运动量。

划船

玩法

1. 取一段长绳，将绳子绕过栏杆或者任意可以支撑幼儿身体重量的挂钩。幼儿双手持绳子的两端，将绳子拉直，并取下悬挂在墙上的地垫。幼儿坐在垫子上，通过手臂动作的开合，使蓝色的"小船"往前行驶。

2. 多名幼儿可以选择同一个起点，比比看谁的小船最先到达终点；也可以增设"运送货物"环节，使游戏更加具有情境性。

挂钩

划船

滚铁环

滚铁环

玩法

1. 幼儿可取下悬挂在走廊两侧的铁环，自由在走廊中探索铁环的玩法。

2. 当幼儿学会并熟悉如何滚铁环之后，教师可以事先在走廊中规划好铁环的行进路线（根据幼儿的水平可以将路线设置成直线或曲线），为幼儿提供有挑战性的活动环境。

锅铲夹娃娃

锅铲

娃娃

锅铲夹娃娃

玩 法

　　幼儿用两把锅铲夹住娃娃，并按照地上画好的路线把它们送去指定的地方。

路 线

泡沫垫

装饰墙面

玩 法

1. 幼儿可以自由选择不同颜色、形状的泡沫垫，将它们挂在墙上，装饰墙面。

2. 可以在行走时将泡沫垫顶在头顶，锻炼平衡能力。

3. 可以根据泡沫垫的形状铺路，玩图形组合游戏。

4. 可以将泡沫垫当成飞盘，玩投掷游戏，如一人抛，一人接。

5. 可以将泡沫垫当球拍，玩拍球的游戏。

6. 可以选择正方形的泡沫垫，将其组合拼搭成正方体，进行拼搭和垒高游戏。另外，正方体也可以被看成是一个大骰子，幼儿可以用它玩跳房子的游戏。

头顶泡沫垫

拼搭和垒高

拍球游戏

平衡玻璃管

平衡玻璃管

玩法

1. 将两个乒乓球放到两边开口的玻璃长管中，制作成平衡玻璃管。

2. 幼儿手持平衡玻璃管，行走在设定好的一条直线上。尽量使身体和玻璃管中的小球保持平衡，从直线的一头走到另一头。

运动小器材的收纳

　　走廊不仅仅为幼儿提供了运动的场地，还具有收纳运动小器材的功能。不同种类的运动小器材都可以以各种方式悬挂在走廊的墙壁上（如：各种球拍、毽子等），既方便幼儿取用，又能使收纳方式呈现出创意。

各种小器材的收纳（/）

各种小器材的收纳（2）

写在结尾

　　此行之前，1b+ 老师心里一直有这样一个疑问：如何在室内有限的空间内打造极具特色的室内运动区域呢？

　　通过实地体验之后，我发现教师的创意是无限的。冰厂田幼儿园的教师巧妙运用空间布局，丝毫不浪费幼儿园的每寸面积，在走廊里、在转角处为幼儿设置了丰富又有趣的室内运动项目，幼儿一走出教室就是游乐的场地。

　　而且无论在室内还是室外，从活动的支持上看，这所幼儿园真正践行着幼儿才是学习活动的主人这个理念，教师只是活动的支持者和观察者，为幼儿的活动提供材料和场地，幼儿可以自由探索各种材料，充分地享受运动和游戏的乐趣。

作者：杨雯雯、宋雪珠　　拍摄：宋雪珠
审稿：颜萍萍
（文中部分图片由幼儿园提供）

扫一扫二维码，观看视频

05 健康教育不只是做运动那么简单

START!! 园所简介

特别鸣谢：上海市实验幼儿园

上海市实验幼儿园建立于 1952 年，是上海市示范性幼儿园。幼儿园以"提升每一位幼儿健康生活的品质"为办园理念，培养"身体结实、情感真实、经验扎实、行为笃实"的幼儿，不断提升保教质量和办园品质。

如果你在上海的曹杨地区闲逛，很可能会被这样一栋外观酷似城堡的建筑所吸引，它就是上海市实验幼儿园。作为一所健康特色示范性幼儿园，这里的健康教育被融合在幼儿园的一日课程中，体现为运动中的健康教育，学习中的健康教育，生活中的健康教育和游戏中的健康教育。现在，与 1b+ 老师一起出发，走进这所健康教育特色幼儿园，看看"城堡"里的"王子"与"公主"是如何在这里茁壮成长的吧！

运动：在快乐运动中锻炼"健康身心"

在幼儿园的户外操场上，摆放着各种运动器械和材料。教师充分尊重幼儿的想法，鼓励幼儿快乐运动。

百变轮胎

○ 轮胎

单纯利用轮胎就可以玩出不同创意：拖拉轮胎向前走、跑；推动轮胎在不同的坡度上向前滚；自由叠放轮胎，在不同高度的轮胎山上攀爬、跳跃；将轮胎与其他器材组合，等等。

叠放轮胎

爬轮胎山

我准备好了，出发！

○ 攀爬组合架

利用攀爬组合架进行攀爬的方式有：在攀爬组合架上下两端固定长绳，幼儿握绳向上攀爬；在固定的攀爬组合架中加入油桶，组合使用，又能变化出不同的玩法。

○ 滑板车

幼儿可以利用草坪坡度玩滑板车，这里一切的空间都由幼儿自己做主。

滑板车

变化的攀爬组合架

○ 长椅

长椅是运动场上最好用的器材之一，幼儿可以根据自身的需要和各种材料，用长椅组合生成不同的挑战点。

长椅的组合

○ 攀岩墙

攀岩墙

再来看看幼儿园的攀岩墙，攀岩墙的壁画来源于一个幼儿的想象作品，由幼儿的爸爸亲手绘制。小作者和她的爸爸在画中亲密地对望着，透露出一股浓浓的温情。

快乐的幼儿

○ 快乐运动

小班的幼儿正在操场一角和教师玩着游戏，他们玩得十分放松、愉悦。1b＋老师真的太喜欢这个画面了，忍不住拍了下来。==快乐运动，正是幼儿获取身心健康的有效途径。==

学习：在多元学习中积累"健康经验"

幼儿园从幼儿的基本经验出发，不仅将健康教育的内容融入基础课程中，还在各年龄段开展了主题式和系列式的健康教育专题活动。下面就跟着 1b＋ 老师来幼儿园健康活动室一看究竟吧！

在健康活动室的入口处，迎面就能看到一块指示牌，提示幼儿在健康活动室可以玩哪些好玩的游戏。

指示牌

○ 哈哈镜

在哈哈镜前照一照，并把哈哈镜里的自己画下来。

哈哈镜

○ 扭扭乐

指针转到哪个颜色，手或脚就要和那个颜色"做朋友"。

扭扭乐

○ 洞洞墙

摆出和洞洞墙上的洞洞一样的姿势才能顺利通过哦！

正好可以钻过去呢！

洞洞墙

○ 拷贝不走样

好朋友一起照镜子，你做什么，我就做什么。

拷贝不走样

○ 我的幼儿园

在这里可以玩棋类游戏"我的幼儿园"。教师准备了可折叠的彩色地垫棋盘、照片若干（印有幼儿园各个场所）、箭头若干、标有数字的骰子一枚、记号笔和纸，游戏有两种玩法。

玩法 1

两名幼儿轮流掷骰子，根据骰子上的点数向前走棋（幼儿自身就是棋子），走到哪一格就在这个格子上放一张幼儿园场所的照片，并向另一名幼儿介绍照片上的地方。

"我的幼儿园"

印有幼儿园环境的照片

玩法 2

两名幼儿通过"石头、剪刀、布"来决定谁摆放幼儿园场所环境照片，谁设计前进和后退的步数。幼儿根据自己设计的指示，或进或退，看谁最先到达终点。

纸杯墙

○ **纸杯墙**

　　这些不起眼的纸杯，经过幼儿的互动就能完全大变样。

打"蛀牙"

嘴巴

○ **食物消化**

　　在另一边，一个关于"食物消化"过程的个别化学习区域吸引了我们的注意。

❶ 吃的东西首先从哪儿进入我们的身体呢？当然是嘴巴啦！

❷ 嘴巴里有可怕的"蛀牙"，看我用小球把"蛀牙"打掉。

这条"食道"有点酷

❸ 利用 KT 板、PVC 管子、绳子等材料组合建构起一条"食道"。

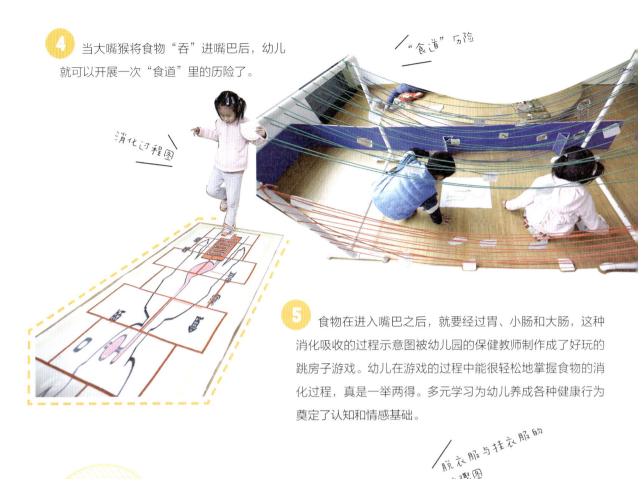

4 当大嘴猴将食物"吞"进嘴巴后，幼儿就可以开展一次"食道"里的历险了。

"食道"历险

消化过程图

5 食物在进入嘴巴之后，就要经过胃、小肠和大肠，这种消化吸收的过程示意图被幼儿园的保健教师制作成了好玩的跳房子游戏。幼儿在游戏的过程中能很轻松地掌握食物的消化过程，真是一举两得。多元学习为幼儿养成各种健康行为奠定了认知和情感基础。

脱衣服与挂衣服的步骤图

生活：在自身生活中播种"健康行为"

要提升幼儿的健康生活能力，应从一日生活的各个环节和细节入手，要重视幼儿生活自理能力、交往礼仪，以及自我保护、环境卫生等意识方面的培养。

○ 穿脱衣服

给幼儿一些生活小提示，提高幼儿自我服务的能力。

餐桌

○ 用餐

　　每到午饭时间，每位幼儿都会先将自己的彩虹花纹餐垫铺在餐桌上，餐桌上还摆放着美丽的花饰。令人赏心悦目的餐桌装饰，再加上柔和的背景音乐，使用餐的环境变得温馨而舒适。

你先坐。

小绅士

　　在用餐环节，教师也充分考虑了对幼儿用餐礼仪的培养，比如：鼓励男生做小绅士，礼让女生；每次用餐前安排不同的幼儿主持当天的集体用餐活动等。此外，教师还注重调和幼儿的用餐情绪。

自己动手做传统美食

○ 制作美食

　　幼儿园也鼓励教师和幼儿一起制作美食，让幼儿在制作食物的过程中了解食物烹饪和制作的过程，感受从原材料到美食的神奇变化。

在制作美食的活动中，每一个幼儿都煞有介事地穿着小围裙，戴着厨师帽，专注于自己手头的"工作"，脸上露出满足与愉悦的神情。自己动手制作的美食，味道一定好极了！

有模有样地包馄饨、做蛋挞和蛋糕

○ 积极的情感体验

幼儿园的生活活动，重视对幼儿良好习惯的培养，同时也重视让幼儿在养成良好习惯的过程中获取积极的情感体验。

游戏：在自主游戏中奠基"健康人格"

我们在引导幼儿进行自主游戏的过程中发现，幼儿在游戏中能够宣泄情感，达到身心满足，并能通过与同伴友好交往，获得积极的情感体验，这些对促进幼儿心理健康有着积极的作用。

角色游戏进行时

自制创意玩具，体验
游戏的乐趣

在游戏中体验与
同伴交往的快乐

教师认可幼儿的游
戏想象并提供支持

○ 观察

　　在幼儿快乐地进行自主游戏时，作为"配角"的教师并没有完全撒手不管，而是在旁边时刻观察着幼儿的游戏行为和游戏过程。这也是教师在游戏课程中很重要的工作：认真观察幼儿的游戏行为，了解幼儿的需求，为幼儿提供更好的支持，让幼儿获得愉快的情绪体验。

自主游戏

○ 改造

　　关于幼儿园的环境，我们不得不说，从改造原本的室内运动环境，到在公共区域的"天桥"上创设幼儿喜欢的玩沙玩水区，再到每个班级都有的个性化种植区以及观察记录，无不体现着以幼儿为本、满足其生理和心理的发展需求、提升他们健康生活品质的理念。

　　例如，教师将游泳池改建成了海洋球池，使这一区域的使用频率大大提高。

海洋球池

○ 支持

阅览室支持幼儿养成良好的阅读习惯。

探索室支持幼儿自主探究，感受发现的乐趣。

阅览室

探索室

创意室

创意室支持幼儿自发的艺术表现和创造。

根据每个班级的环境设计的健康生态角成了幼儿最喜欢去的"角落"。

生态角

幼儿通过尝试、观察和记录来获取生活经验。例如，在暖房、暗房以及潮湿的环境中，植物生长会有什么不同？

尝试并观察

记录

发现

幼儿在表格上记录自己的发现。

写在结尾

　　1b+老师心中一直有些疑惑，"健康"难道仅仅就是《3—6岁儿童学习与发展指南》中"健康领域"涉及的内容吗？或者仅仅是在生活活动的基础上增加运动活动的内容吗？

　　通过实地体验以后，我找到了答案，健康教育其实可以渗透在幼儿一日活动的各个环节中，生活、运动、学习、游戏等活动都可以作为实施健康教育的路径和载体。

　　上海市实验幼儿园所构建的"健康教育"课程体系，为每一个入园幼儿铺设了健康成长的跑道，使他们能够在课程的浸润下尽情体验健康的真谛与生命的美好，享受健康快乐的童年生活。

作者：忻元诚　　拍摄：宋雪珠
审稿：颜萍萍
（文中部分图片由幼儿园提供）

扫一扫二维码，观看视频

第二部分

科学特色

友情出镜

上海市静安区科技幼儿园
上海市浦东新区蒲公英幼儿园
上海市静安区安庆幼儿园

如何通过环境创设打造幼儿园的科技感

特别鸣谢：上海市静安区科技幼儿园

园所简介 START!!!

上海市静安区科技幼儿园是一所以科技教育为特色的市一级幼儿园，是全国现代教育幼教实验基地、市创造教育实验基地、区陶行知教育思想研究实验基地。幼儿园以"科学启蒙，启迪心智"为办园宗旨，以"快乐探究，和谐发展"为办园理念，实施启蒙性、生活性、科学性、时代性的科学启蒙教育，培养"六好"儿童。

今天，我们有幸走入了上海市静安区科技幼儿园这所有着"明日科学家的摇篮"雅号的幼儿园，它的特色环境以及科学主题活动深深吸引着我们。现在，就带大家一起开启这一次的学习之旅吧！

陶行知在《科学的孩子》一文中说："现在是一个科学的世界。科学的世界里应该有一个科学的中国，科学的中国要谁去创造呢？要小孩子去创造！等到中国的孩子都成了科学的孩子，那时候，我们的中国便自然而然地变成科学的中国了"。

这句话启发、鼓舞着静安区科技幼儿园的园长和教师：从娃娃开始进行科学启蒙教育，把今天的幼儿，培养成明日能够参与创造的具有基本科学素养的人才。而进行幼儿科学教育的最好形式就是玩科学"把戏"。

门厅

走入幼儿园的门厅，就见"科学启蒙，启迪心智"的字样，这是幼儿园的办园宗旨，同时吸引我们眼球的还有这面超级漂亮的互动墙。

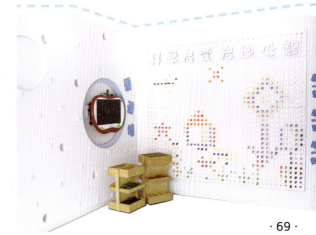

门厅

走 廊

○ 互动墙

在互动墙上，幼儿可以用一些彩色的小短棍来填充墙上的小洞，组成自己想要的图案。互动墙背后投射过来的灯光，照在彩色的短棍上，真是美极了。

彩色的小短棍

猜猜我们是什么？

○ 天花板

穿过走廊时抬头一看，"太阳系"就在我们的头顶呢！哇，地球、火星、木星……这样的环境，将美感与科学常识融合在了一起。

天花板上的"太阳系"

○ 科学小制作

在幼儿园的走廊中，教师会根据不同的主题，定期展示家长与幼儿共同完成的科学小制作。

科学小制作

大一班 苏丝语

转角看世界

楼 梯

在楼梯的转角处，有一块贴有世界地图与地球上不同地域的特色动物的图片的墙面。图片上的动物都是幼儿通过绘画的形式表现出来的，创意十足。幼儿在上下楼梯的时候都可以看到这些作品。此外，这里的作品也是根据不同的主题定期更换的哦！

科学探索室

科学探索室主要分为生命科学、地球与空间科学、物质科学、生活中的科学四个探索区。

科学探索室

○ 生命科学探索区

在生命科学探索区中，幼儿可以观察动植物的生长过程。

生命科学探索区

幼儿自己照料的植物角

幼儿观察植物的不同变化。

问题和发现

墙面上可以看到幼儿关于自然科学的提问及发现。

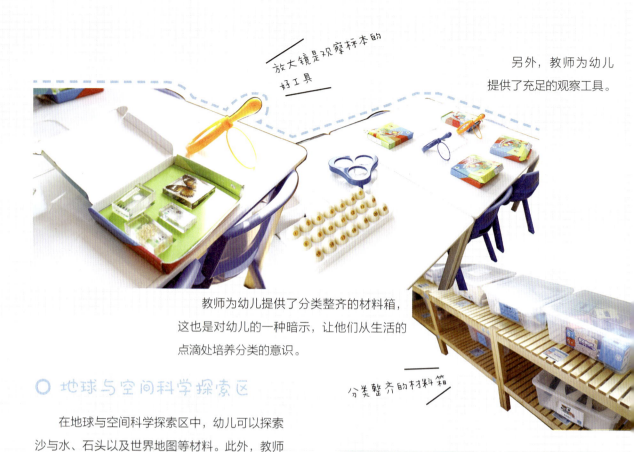

放大镜是观察标本的
好工具

另外，教师为幼儿
提供了充足的观察工具。

教师为幼儿提供了分类整齐的材料箱，
这也是对幼儿的一种暗示，让他们从生活的
点滴处培养分类的意识。

分类整齐的材料箱

○ 地球与空间科学探索区

在地球与空间科学探索区中，幼儿可以探索
沙与水、石头以及世界地图等材料。此外，教师
在这个区域还投放了很多适宜幼儿阅读的关于地
球与空间科学的图画书。

丰富的材料

这个不是香槟塔吗？可
以用它来做什么呢？

了解水的特性

香槟塔

我们经常可以看到香槟塔，但是谁又能想
到，这常见的东西对幼儿来说是多么有价值呀。
通过这样一个小小的科学活动，幼儿可以直观
地获得关于水的特性的认识。

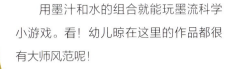

用墨汁和水的组合就能玩墨流科学小游戏。看！幼儿晾在这里的作品都很有大师风范呢！

墨流小游戏

我正在做实验哦！

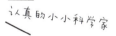

○ 物质科学探索区

在物质科学探索区中，幼儿可以通过各种实验探索声音、光、电、磁和色彩的变化。

齐全的装备

认真的小小科学家

果然是小小科学家的摇篮，装备都相当齐全呢。

这里是适合小班幼儿来玩的发现屋，主要是以游戏化的方式让幼儿玩色、玩水，发现有趣的现象，激发幼儿的好奇心，使他们好问、好动手。

发现屋

喷水游戏

快来帮我"浇浇水"。

我来帮你"洗洗澡"。

Do Re Mi……

幼儿通过拍打这些五颜六色的盖子，使其发出不同的声音，从而探索声音的小秘密。

这面游戏墙上有许多用废旧报纸捏成的花朵、树木和动物等，小班幼儿可以尝试用多种喷水工具，如针筒、自制的捏嘴式喷壶、现成的气压式喷壶等给小花、小草"浇水"，或帮小动物"洗澡"。

小小音乐家

在这间传说中的"小黑屋"里，幼儿可以玩光影游戏。

小黑屋

哇，谁说影子不能有颜色，这里的影子可是五颜六色的。

彩色的影子

我来试一下！

怎么和影子玩游戏呢？你看，这是我搭的房子，它的影子也是同样形状的哦，只是大小发生了变化。

变大了的影子

颜色叠加

那么，两个颜色叠加在一起会发生什么变化呢？

在"打电话"的区域，幼儿可以通过游戏，感知声音的传递方式。

他们三个人在做什么呢？

有了这个神奇的"电话"，我们就算隔着墙也能自如地通话了。

打电话

我们在打多人电话呢！

玩沙画

这里是玩沙画的区域，幼儿可以在这里尽情地创作，感受沙的特性。

○ 生活中的科学探索区

在生活中的科学探索区里，幼儿可以探索与自己日常生活紧密相关的一些问题，比如：水的净化、在生活中可实现的环保措施、多媒体设备的使用和探索以及简单的编程等。

这面蜂窝状的展示墙上展示着幼儿园的亲子作品，这些作品都是根据不同的主题用废旧材料制作而成的。

手工制作的"摩天轮"

家长纯手工制作的"摩天轮"，真是巧夺天工啊！

我们可以深切感受到：幼儿园在有效整合各类资源时，与家庭的紧密结合。

这个叫作"录音夹"，点击按钮就能播放幼儿活动时录下的语音记录。语音记录可以作为分析幼儿行为和语言的重要资料，"科技含量"很高。

展示墙

录音夹

小小考古学家

○ 玩水区

幼儿在玩水的时候，从天上飘落下几片秋叶，叶随水流，自然与科学不就蕴含在其中吗？

玩水区

○ 玩沙区

幼儿可不只是在挖沙子，他们手里拿着的是"金属探测仪"哦，是不是有点小小考古学家的样子呢？这种游戏化的玩沙方式不仅好玩，还符合幼儿的年龄特点，深受幼儿的欢迎。

下面有金属！

嘀嘀嘀嘀……

玩沙区整体环境

泡泡区

我们在户外转悠时，巧遇了在玩吹泡泡的幼儿。在这块小区域里，教师放置了很多泡泡水和各类吹泡泡的工具。幼儿可以在这里进行各种尝试，反复试验，他们完全沉浸在吹泡泡的乐趣中了。幼儿在吹泡泡的过程中，可以感受到探索的乐趣，体验到发现的喜悦，享受成功的快乐。

种植区

在这所幼儿园里，随处可见洒满阳光的种植区。

○ 其他

这不就是刚才我们在科学探索室看到的"多人电话"吗？原来还能这样玩啊，已经完全融于幼儿的自主游戏中了。教师提供简单的管子和电话听筒，幼儿就把这些材料变成了树林小屋游戏中的道具。

喂，你在干什么呀？

我在打电话呀。

电话亭

写在结尾

静安区科技幼儿园的教师认为，玩科学"把戏"正是进行幼儿科学教育的最好形式，由此创造性地组建了"六小"乐园，开发了"六小"活动。所谓"六小"活动，是指小实验、小故事、小问号、小制作、小考察、小创造这六项能启迪幼儿心智，让幼儿玩好科学"把戏"的科技启蒙教育活动。具体内容如下：

●小实验——大学问

让幼儿主动操作、观察现象，探究他们未知的浅显、易操作的实验活动，在自主操作中发现蕴含在自然现象中的科学规律，理解简单的科学技术知识，开启探索世界、探究学问的美好心灵。

●小故事——大智慧

给幼儿讲短小、具有童趣且蕴含各种知识的故事，让他们在倾听中了解世界、认识自己、发现新知；引导幼儿复述故事内容，让他们在述说中感悟真谛、启迪智慧。

- 小问号——大发现

向幼儿解释眼中的未知世界和心灵深处的疑惑，用浅显易懂的儿童化语言告诉他们一个真实的答案。幼儿在好奇中询问，在询问中求知，以此使其萌发对周围事物探索的求知欲。

- 小制作——大成果

这是幼儿将眼中的事物和心中的设想创造出来，把抽象事物变成现实物体的一个活动性过程。幼儿在制作和创造的过程中敏锐观察、灵活双手、大胆创意、启迪生活，感受制作成果的喜悦。

- 小考察——大社会

带领幼儿走进社区与社会，在真实的环境中细致深刻地观察、记录、调查、探访，获得未知领域的社会知识经验。幼儿在自由、扩大化的空间里自主观察发现、探索学习，获得大社会里的新知，奠定初步的社会化规则意识以及行为习惯。

- 小创造——大发明

释放幼儿的想象力，用发现、表达、探索、研究等方式和幼儿共同制作、记录下他们特有的奇思妙想、新奇创造。幼儿在创意世界里培养兴趣、开拓思维，自信勇敢地表达自我，激发自己无尽的创想。

作者：宋雪珠　　拍摄：宋雪珠
审稿：颜萍萍
（文中部分图片由幼儿园提供）

扫一扫二维码，观看视频

07

没有高端的仪器设备，如何在区域活动中开展科学活动

——探秘 STEM 试点园里的科学区活动

园所简介

特别鸣谢：上海市浦东新区蒲公英幼儿园

上海市浦东新区蒲公英幼儿园创办于 1997 年，是上海市示范性幼儿园。办学多年来，幼儿园发挥"扎根、成长、传播"的蒲公英精神，倡导"像蒲公英播撒爱的种子，为儿童的幸福未来奠基"的办园宗旨，以培养"爱探索、爱表达、身心和谐健康"的"双爱"儿童为培养目标，积极探索幼儿科学教育实践。实践至今成果丰硕，幼儿园成为浦东新区科学教育基地，2012 年获得浦东基础教育改革和研究成果二等奖。

著名儿童心理学家皮亚杰曾说："儿童是天生的科学家。"是的，每个幼儿生来都具有一颗好奇之心，我们要做的便是保护好幼儿的求知欲，培养幼儿的探索创新能力。那如何在幼儿 3~6 岁时进行科学启蒙呢？

下面 1b+ 老师要带你走进的这所幼儿园不仅是上海市著名示范园，更是 STEM 试点园，它的科学课程没有高端的仪器设备，全靠教师的智慧与灵巧的双手。但这些课程却能让幼儿在游戏中快速培养科学的兴趣和探索的精神，堪称精妙绝伦！以下的内容将重点呈现这所科学特色示范园的科学区活动到底是如何做的。

科学区活动

相信许多教师与家长一听到科学活动，就觉得太复杂了，然而在蒲公英幼儿园教师们的眼里，其实开展科学活动并没有那么复杂。如果想让幼儿了解什么是风，给他一把扇子与一根羽毛就可以做一场关于风的实验了，并不需要专业的设备。

接下来，我们就一起来看看幼儿园的小、中、大班科学区中，教师们都制作了哪些精妙的教玩具。

○ 小班科学区活动

猜猜我是谁

· 材料

动物影子卡片、动物照片、
KT 底板。

· 玩法

幼儿自取一张动物照片，从众多影
子卡片中找出与之匹配的一张。

· 观察指导

观察幼儿能否将动物照片与影子相
配对。

猜猜我是谁

动物影子卡片

水从哪里流出来

· 材料

自制水管、漏斗、彩色木头小夹子、杯子。

· 玩法

幼儿将水倒入漏斗，观察水是从哪根水管流出来
的，并分别将一对相同颜色的夹子夹在漏斗和对应
水管的出口上。

· 观察指导

1. 观察幼儿能否找到和入口相对应的水管。

2. 观察幼儿能否以彩色小夹子夹住出入口的方式来
做简单的记录。

水从哪里流出来

沙中取宝

· 材料

带有磁性的夹子、铃铛等各种能被吸住的小玩具，沙子，各种不同的
自制齿轮刮板。

· 玩法

1. 幼儿用吸磁工具将藏于沙子中的玩具吸出来。

2. 幼儿用齿轮刮板在沙子上刮纹路。

· 观察指导

1. 观察幼儿能否正确使用吸磁工具将沙子中的
"宝贝"取出。

2. 引导幼儿用刮板将沙子刮出不同的纹路。

沙中取宝

扇扇乐

材料

1. 将透明塑料板卷成直筒状，然后根据直筒截面大小在纸盒上面剪一个洞，将直筒固定在洞中。

2. 在纸盒的侧面再剪一个口，作为进风口。

3. 将羽毛放入透明直筒内。

玩法

幼儿用扇子朝进风口扇风，使纸盒内的羽毛飘起，直至从上方直筒飘出。

观察指导

幼儿能否用扇子对准进风口持续扇风，直至直筒内的羽毛飘出。

扇扇乐

电话亭

电话亭

材料

用纸箱或 KT 板制作的电话亭轮廓、洗衣机的软管、纸杯听筒、小电话听筒、数字投币箱等。

玩法

幼儿可以"拨打"伙伴的电话，与伙伴玩打电话的游戏。

观察指导

1. 观察幼儿是否能用简单的问候语来打电话。

2. 观察幼儿是否能正确投币并按电话号码互相打电话。

3. 引导幼儿听一听这些听筒（纸杯听筒、小电话听筒）传音的效果是否一样。

配药水

材料

各色皱纸、装有水的小瓶子、贴有色板的塑料小篮子。

玩法

幼儿将不同颜色的皱纸放入装有水的塑料瓶子里，以此来配置不同颜色的药水，并将药水放入贴有相应色板的小篮子中。

观察指导

1. 观察幼儿能否用彩色的皱纸配置药水并感知水的变化。

2. 观察幼儿能否将装有变色药水的瓶子，放到贴有相应颜色记号的塑料篮子里归类。

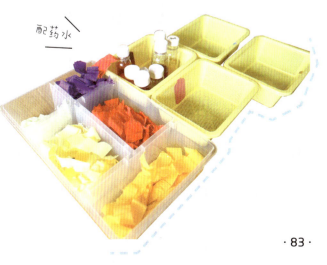

配药水

○ 中班科学区活动

　　幼儿在小班时会对各种材料充满兴趣，但到了中班之后，他们往往会逐渐对这些材料失去新鲜感。因此，蒲公英幼儿园的教师在投放中班区域活动的材料时，非常注重材料的多功能性，通过挖掘材料的不同玩法，引导幼儿自己玩出新的花样，以此保持他们对材料的新鲜感。

愤怒的小鸟

愤怒的小鸟

• 材料

得分记录板、衣夹 2 个（制作成杠杆）、勺子弹弓、小鸟玩偶若干。

• 玩法

幼儿取一个小鸟玩偶，选择一种杠杆，将玩偶瞄准射至记录板上的网内。

• 观察指导

1. 指导幼儿尝试比较小勺杠杆和弹弓杠杆弹射力的大小。
2. 观察幼儿是否能瞄准目标进行弹射。

顽皮小鳄鱼

顽皮小鳄鱼

• 材料

小鳄鱼池塘、材质和大小不一的球、有倾斜度的两根塑料杆、记录表。

• 玩法

幼儿挑选一种球，利用两根塑料杆将其运送至大小合适的鳄鱼池塘上方并击中其中的鳄鱼。

• 观察指导

1. 观察幼儿是否能够灵活控制手中的塑料杆，并使球击中池塘里的小鳄鱼。
2. 指导幼儿感受不同球的特性。

香槟塔

若干小酒杯、装有水的瓶子。

• 玩法

幼儿将小酒杯垒高，然后将瓶子里的水倒至其中一只小酒杯内，使水流至其他酒杯中，直至所有酒杯内都有水。

• 观察指导

1. 观察幼儿是否能够想出不同的垒高方法。

2. 指导幼儿让水能够进入每一只小酒杯。

■ 有趣的大口瓶

• 材料

紫甘蓝液体、苏打水、自来水、雪碧、白醋、牛奶、若干试管、滴管。

• 玩法

将不同的液体与紫甘蓝液体混合，观察滴管内的颜色变化并做相应的记录。

• 观察指导

1. 观察幼儿是否能够正确使用滴管进行多次试验。

2. 指导幼儿能够观察液体颜色的变化并进行记录。

有趣的紫甘蓝

我来试试这个！

记录

小车滚滚

■ 小车滚滚

• 材料

有洞的纸板箱，轨道、小车若干，"哆啦A梦"的小门。

• 玩法

幼儿运用轨道和纸板箱来搭建车道，使小车能够驶入"哆啦A梦"的小门。

• 观察指导

1. 观察幼儿是否能使用多种轨道组合的方式来搭建车道，并将小车驶入小门。

2. 指导幼儿观察车速和滑坡角度的关系。

七色音阶琴

七色音阶琴

•材料

七色音阶瓶、鼓棒、水、沙漏、杯子、乐谱。

•玩法

幼儿根据乐谱并运用鼓棒敲打不同颜色的瓶子，从而演奏出不同的乐曲。

•观察指导

1. 观察幼儿是否能够发现不同颜色的瓶子其音高也不同。

2. 指导幼儿根据简谱上的颜色来敲打瓶子，从而敲出乐曲。

调制鸡尾酒

•材料

麻油、酱油、醋等液体调味料，鸡尾酒杯、滴管若干。

•玩法

幼儿任意选择两种液体调味料，运用滴管滴入鸡尾酒杯内，从而调制出一杯色彩漂亮的鸡尾酒。

•观察指导

1. 观察幼儿是否能用不同的滴管先后滴入不同的调味料（每次大约两滴管）。

2. 指导幼儿观察两种调味料融合后会发生什么有趣的现象。

调制鸡尾酒

水瓶唠唠乐

•材料

不同大小的矿泉水空瓶、排水管、塑料空箱、漏斗、吸管（不同长度）。

•玩法

幼儿运用吸管自由连接装水的矿泉水瓶，用排水管使水从管道流至空塑料箱内。

•观察指导

1. 观察幼儿是否能让水通过管道顺利流到空的塑料箱内。

2. 鼓励幼儿大胆操作。

水瓶唠唠乐

小瓶　中瓶　大瓶　短吸管　长吸管

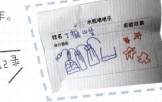

记录

小球进洞

· 材料

自制球洞架一个、乒乓球、乒乓球板、记录纸。

· 玩法

两名幼儿分别站在球洞架两边，用乒乓球板将球打入对方洞中可计分。

· 观察指导

1. 观察幼儿是否能使用各种方法将球打进对方的球洞里面。

2. 观察幼儿是否会自己记录进球情况。

○ 大班科学区活动

到了大班，幼儿要开始为幼小衔接做准备了，所以在区域活动中，教师预先设计了很多的合作游戏，培养幼儿的合作意识和合作能力。

有趣的传声筒

· 材料

三种不同长度的 PVC 管若干、两通和三通接头、布条、纸巾、记录纸等。

· 玩法

幼儿先设计传声路线，然后利用不同长度的 PVC 管和接头自制传声通道，可利用布条和纸巾来确保管道的密封性。

· 观察指导

1. 观察幼儿能否制定出连接的线路，并根据线路图完成连接。

2. 观察幼儿能否解决管子连接的路线不影响通道内行走的问题。

考古小专家

· 材料

装有恐龙的石膏、考古服装、口罩、眼镜、小刷子、小铲子、小凿子、小榔头、喷壶、记录表。

· 玩法

幼儿利用各种工具"挖掘"石膏中的恐龙。

· 观察指导

1. 观察幼儿是否已了解每样工具的用法，并能根据情况选择适合的工具。

2. 观察幼儿在发现化石时，是否能有耐心地进行挖掘。

污水变清

• 材料

有颜色的水（作为污水）、空瓶若干、小量杯若干、记录表、毛巾、无纺布、报纸滤纸、纱布、海绵、餐巾纸、棉质百洁布、涤纶布。

• 玩法

幼儿利用多种过滤材料将污水变清。

• 观察指导

1. 观察幼儿是否能了解污水变清的过程，并选用多种材料进行叠加过滤。

2. 观察幼儿是否会耐心等待污水变清的过程，并及时做好记录。

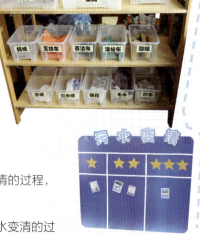

奇妙放映机

• 材料

塑封纸若干、炫彩棒若干、手电筒若干、可移动的幻灯片底座、背景幕布。

• 玩法

幼儿用炫彩棒作画，然后将其制作为卡片，放在幻灯片底座上并用手电筒照，将画作投影在背景上。

• 观察指导

1. 观察幼儿是否能了解到：移动幻灯片底座可让图像清晰地呈现在背景上。

2. 观察幼儿是否能根据自己的想象进行作画。

百变转转灯

• 材料

旋转底座、拍拍灯、大灯罩、各种带镂空花纹的小筐、矿泉水瓶等废旧材料、即时贴、手工纸、压花机、彩泥等。

• 玩法

幼儿利用矿泉水瓶等废旧材料制作转转灯，然后借助压花机或剪纸等方式制作灯上的图案，打开转转灯并观察影像。

• 观察指导

1. 观察幼儿是否会寻找小筐、瓶子等废旧材料做小灯罩，能否细心观察灯罩上影像的变化。

2. 观察幼儿是否能借助压花机或剪纸等方式，在手工纸上压花或剪贴各种图案，并将其做成小灯罩。

走迷宫的光

走迷宫的光

材料

小镜子、手电筒、塑料筒、纸盒等。

玩法

幼儿利用塑料筒自由拼接成光的迷宫，并在适当的位置放置镜子，让光可以顺利折射，"走出"迷宫。

观察指导

1. 观察幼儿能否合理组合塑料筒和镜子，让光"走出"迷宫。

2. 观察幼儿能否尝试用不同的组合方法让光发生折射。

齐心协力

材料

乒乓球、饮料瓶、塑料瓶、绳子、双面胶环、挖有圆洞且洞内标有数字的 KT 板、塑料管等。

玩法

1. 第一次玩可以不加入饮料瓶。幼儿将若干条绳子的一端系在双面胶环上，把乒乓球放在双面胶环里，大家共同拉住双面胶环不同方向的绳子来移动它，使乒乓球落在指定的数字圆洞里。如果参与游戏的幼儿太多，可以考虑在幼儿站立的地方粘贴一根黄色的塑料短管，将绳子的另一端穿过这根塑料管，以此控制幼儿的活动范围。

2. 之后可增加游戏的难度，在 KT 板上的不同位置放置空瓶，设置障碍，增加游戏的挑战性。

观察指导

1. 观察幼儿能否通过与同伴合作来让乒乓球进洞。

2. 观察幼儿能否进行三人或四人合作。

齐心协力

双面胶环

为了丰富幼儿的游戏内容，教师设置了一个"材料超市"，幼儿可以自己选择材料来代替游戏里的现有材料，让游戏更有变化，也更好玩。

看完蒲公英幼儿园小、中、大班的区域活动后，1b+老师总结出了 5 个特点：

- 游戏都源自于生活。
- 强调幼儿自主游戏，注重游戏的过程性。
- 投放的材料品类多，满足幼儿发展的不同需求。
- 游戏中，幼儿会自发生成组合新的游戏。
- 不同游戏都配有符合该年龄段幼儿特点的观察记录表。

材料超市

游戏的主要环节分为：提出问题、动手实验、观察记录、解释讨论、获得知识、表达陈述。这样一个完整的流程可以让幼儿在观察、动手、比较、分析、判断、记录、描述中，培养综合解决问题的能力。

接着，我们再继续去看看蒲公英幼儿园彩虹岛部的科学活动室里的热闹场景。除了在教室中设置常规的科学区之外，幼儿园还专门设置了科学活动室，支持幼儿进一步的探索。

科学活动室

在幼儿园的科学活动室里，我们能清晰地看到各种科学实验元素分布在活动室中。幼儿可以在自己感兴趣的区域进行各种实验。

科学活动室

○ 磁

这里放置着一些磁性白板，幼儿可以在这些白板上随意拼搭。幼儿在探索磁的特性的同时，还可以充分发挥自己的想象力。

磁

○ 齿轮

这里为幼儿准备了各种齿轮，他们可以自由组合这些齿轮，充分探索齿轮的"奥秘"。

齿轮

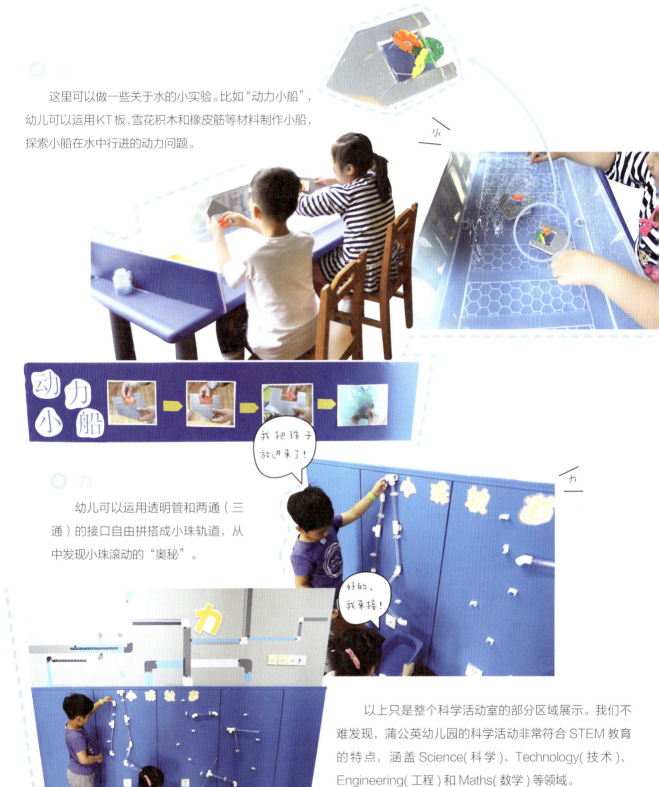

○ 水

这里可以做一些关于水的小实验。比如"动力小船"，幼儿可以运用KT板、雪花积木和橡皮筋等材料制作小船，探索小船在水中行进的动力问题。

动力小船

我把珠子放进来了！

○ 力

幼儿可以运用透明管和两通（三通）的接口自由拼搭成小珠轨道，从中发现小珠滚动的"奥秘"。

好的，我来接！

以上只是整个科学活动室的部分区域展示。我们不难发现，蒲公英幼儿园的科学活动非常符合STEM教育的特点，涵盖Science（科学）、Technology（技术）、Engineering（工程）和Maths（数学）等领域。

作为这两年教育界的大热词，STEM教育鼓励幼儿离开教室，到充满积木、木板、电线、电路板、芯片以及各种奇怪的教育科技产品的工作坊内活动。而作为STEM教育试点单位的蒲公英幼儿园，更是将这个精神融入了园本课程之中。

虽然幼儿园的场地还比较宽敞，但是这里的每一寸土地也都被教师们利用了起来，整个环境中到处都有丰富的材料来刺激幼儿进行感知、欣赏和探索。在文章的最后，请跟着 1b+ 老师一起看看蒲公英幼儿园的走廊环境是如何引发幼儿对科学的兴趣的。

○ 作品展示区

走廊多余的空间被放置了很多的作品展示架，架子上摆放着中、大班幼儿的作品。

○ 科学家画像

大部分情况下，幼儿园的走廊里总是放置着幼儿的各类创意美术作品，而在蒲公英幼儿园，我们看到的是幼儿画的科学家，也是非常有特色的。

作品展示区

科学家画像

○ 亲子活动区

在走廊的亲子活动区，教师投放了可被自由搭建的木板轨道，且轨道表面的光滑程度不同（摩擦力不同），让幼儿自由探索小车下滑的快慢与轨道表面光滑度的关系。

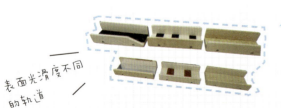

表面光滑度不同的轨道

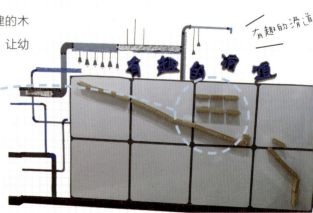

有趣的滑道

这些看似简单的材料激发了幼儿的探究兴趣，为他们提供了动脑思考和动手操作的空间。

　　讲到科学启蒙，相信大家一定听过一句话，叫作"学好数理化，走遍天下都不怕"，于是很多人将科学启蒙理解为学好这些科目，让幼儿过早地接触这类知识。其实，对幼儿开展科学启蒙并不是过早地让他们接触高深的数理化知识，也不是让幼儿在小小年纪就要探究科学真理，而是鼓励幼儿对身边的事物保持好奇心，愿意尝试去操作、提问、记录，并在这个过程中收获探究的兴趣和方法。

　　在蒲公英幼儿园，教师只是负责提供材料与引导，并保证提供的材料与幼儿的日常生活是相关的，鼓励幼儿通过自己的操作去调查、探索、寻找问题的答案。幼儿的自主意识、探究能力以及好奇心都得到了充分尊重和保护，为幼儿终身的探究性学习做铺垫，这些才是科学启蒙活动对幼儿最大的价值。

作者：忻元诚　　拍摄：盛俞婷
审稿：颜萍萍
（文中部分图片由幼儿园提供）

扫一扫二维码，观看视频

08 如何举办一场高端的"互联网+"数学节

园所简介 START!!

上海市静安区安庆幼儿园创建于1969年，是一所有着悠久历史的上海市示范性幼儿园。幼儿园以"关怀儿童生存文化、关心教师专业成长、关注家园共育实效、关切教育内在品质"为办园愿景，秉承"以玩激趣、以问诱学、以数启思，以理化性"的课程理念，力求通过提供丰富的、适合幼儿个性的各类活动，尊重、理解每个幼儿的发展水平和个性品质，满足幼儿自发、自主的成长需求。

1b+ 老师这次要介绍的是上海市静安区安庆幼儿园的"互联网+"数学节活动。在这个活动中，每个环节都透露着浓厚的智慧教学的味道，现在就让我们跟随镜头，从活动中、从环境里、从材料里，欣赏安庆幼儿园数学节的精彩现场吧！

数学节的海报

活动篇

在数学节活动中，安庆幼儿园设置了许许多多的个别化活动区域，每个区域都有各自独特的个别化数学材料。幼儿在家长的陪伴下，可前往每一个区域体验好玩的活动。

其中，活动区域又分为"传统活动区"和"互联网活动区"。顾名思义，传统活动区主要设置了平时幼儿园常见的数学活动材料，而互联网活动区则特别设置了不同的数学趣味游戏类的 App，幼儿可使用配套的材料进行游戏。

○ 传统活动区

　　安庆幼儿园充满智慧的教师们，为传统的数学游戏增添了新元素，或是创造出全新的玩法，让传统能够历久弥新，也能够顺应现在幼儿的兴趣点，有的放矢地锻炼幼儿的数学思维。现在就让我们一起来看看大、中、小班的幼儿都喜欢玩哪些传统的数学游戏吧！

钓鱼（小班）

　　"钓鱼"装置是每个教师都能轻松做出来的自制玩具，原理非常简单，却被安庆幼儿园的教师们赋予了精彩多样的玩法，蕴含着丰富的数学核心经验。在"钓鱼"过程里，幼儿要完成数数、数量对应、颜色对应等认知过程，了解磁铁的神奇原理，为幼儿带来了丰富的探究体验。

• 核心经验

点数、匹配。

• 材料

篮子、小鱼图片、绳子、磁铁、点数纸等。

• 玩法

幼儿根据提示钓取相应数量的小鱼。

活动材料

钓鱼

钓鱼　数学节
核心经验：点数、匹配
建议人数：10人
玩法：幼儿根据提示钓取相应数量的小鱼

数数看，你需要钓多少条鱼放入篮子里呢？

抢椅子（小班）

　　"抢椅子"是我们小时候就有的游戏。传统的玩法是：椅子比人数少一把，每一局都有一个人因没有坐到椅子被淘汰出局。因此，玩的时候一定要集中精力听口令，还要注意离自己最近的椅子在哪里。

• 核心经验

图形识别。

• 材料

椅子、图形图卡。

• 玩法

游戏开始前，教师将椅子一正一反并列摆放整齐。游戏者伴随音乐节奏围着椅子绕圈。音乐停，立刻根据图卡指令寻找相应的椅子坐下。没有抢到椅子的幼儿则被淘汰。

游戏开始，幼儿和家长一起参与游戏，有些幼儿眼疾手快，一屁股下去就抢到了椅子；有些幼儿有点胆怯，在椅子周边徘徊，家长们就会帮助他们寻找合适的椅子。不论是家长还是幼儿都乐在其中。

抢椅子　数学节
核心经验：图形识别
建议人数：10人
玩法：游戏者伴随音乐节奏围着椅子绕圈。音乐停，立刻根据图卡指令寻找相应的椅子坐下。没有抢到椅子的幼儿则被淘汰

抢椅子

椅子一正一反排成一排

小二班

套圈（小班）

"套圈"也是一种非常受欢迎的传统游戏。在安庆幼儿园，套圈游戏被重新设计，以此来帮助幼儿认识颜色。

套圈

大圈

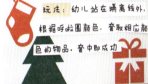

- 核心经验
颜色配对。

- 材料
不同颜色的呼啦圈、雪糕筒、小圈和大象底座等。

- 玩法
幼儿站在隔离线外，根据呼啦圈颜色，套取相应颜色的物品，套中即成功。这里有大圈和小圈，小圈难度更高。每个套圈前都有一根橙色的隔离线，走过隔离线就算犯规。

小圈

小果园（小班）

"小果园"游戏需要幼儿按数取物，从而提升他们的数概念。

- 核心经验
按数取物。

- 材料
彩球、贴有数字点数的盒子等。

小果园

数一数

- 玩法
根据果篮上的数字提示，尝试用不同的方式摘取相应数量的水果。先数数看盒子上的点数是多少，再在盒子里放入相同数量的彩球。

点数

长颈鹿比高矮（小班）

通过这样的垒高活动，幼儿可以形象地进行量的比较。教师创设了长颈鹿比高矮的情境，使活动更具趣味性。

• 核心经验

量的比较。

• 材料

将完整的长颈鹿身体轮廓图裁剪成一段一段的图卡，并粘贴在积木上。

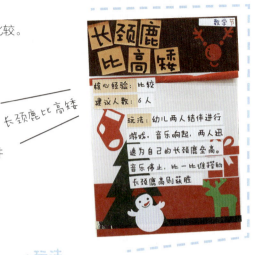

长颈鹿比高矮

• 玩法

幼儿两人结伴进行游戏（分为绿队和红队），并选择相应颜色的积木进行垒高。音乐响起，两人迅速为自己的长颈鹿垒高。音乐停止，比一比红队和绿队谁搭的长颈鹿更高。

抱圈（中班）

"抱圈"是典型的培养幼儿数量概念的游戏，紧张又好玩。

• 核心经验

数概念（数量）。

• 材料

数字图卡、呼啦圈。

• 玩法

跟随教师的数字口令（或出示的数字图卡），几个人抱团在一起（可要求在呼啦圈内抱团），抱团的人数需要跟教师所报的数字相等。幼儿在游戏里很容易忘记把自己计算在内。

抱圈

猜小安（中班）

"猜小安"是一个非常具有趣味性的猜谜游戏，幼儿要根据教师的提示以及记忆中数序的排列来缩小数字范围，并最终猜对正确的数字。

• 核心经验

数序。

• 材料

数字卡，用纸箱做的小房子等。

• 玩法

教师任选一张小安数字卡，幼儿根据"大了"、"小了"的提示，依次猜猜小安的数字，猜中者获胜。在幼儿猜测数字的时候，教师要通过语调的抑扬顿挫、表情的变化、语速的急促缓慢来给予幼儿正误的提示，以此增加游戏的紧张感。

猜小安

步步高（中班）

"步步高"类似一个棋类游戏，幼儿在游戏中需要综合考虑数量和方位的问题，一方面要遵守骰子的点数，另一方面要想办法让棋子最后一步停留在"高楼"的上下左右四个临近方位。仔细想想，这里面可是有很大的学问哦。

核心经验

比较、空间方位、点数。

材料

积木、积木底板。

玩法

两名幼儿轮流游戏，根据骰子数量横竖任意行进相应的格数。若最后停止的格子内正好有高楼建筑，则下次行进时将高楼直接带走。游戏结束，比比谁的高楼更高则获胜。

步步高

核心经验：比较、空间方位、点数
建议人数：4人
玩法：两位幼儿轮流游戏。根据骰子数量横竖任意行进相应的格数。若最后停止的格子内正好有高楼建筑，则下次行进时能将高楼直接带走。游戏结束，比比谁的高楼更高则获胜

怎样才能占有最高的"高楼"呢？

让我好好想想，下一步怎么走。

翻骰子（中班）

"翻骰子"真是劳逸结合的游戏，不但要看谁的反应快，还要看谁的动作快。

核心经验

颜色识别比较。

材料

用纸箱制作的骰子若干（每一面贴上不同颜色的彩纸）。

玩法

教师将骰子四散放在地上，幼儿分成两队进行游戏。音乐响起，两队尽可能多地将骰子翻到自己队的颜色，音乐停，哪队翻到的骰子多则获胜。

中一班

>3<

翻骰子

核心经验：颜色识别比较
建议人数：10人
玩法：将骰子四散放在地上。幼儿分成两队进行游戏。音乐响起。两队尽可能多的将骰子翻到自己的颜色。音乐停，哪队翻到的骰子多则获胜

母鸡下蛋（中班）

"母鸡下蛋"的游戏主要是为了考验幼儿对空间方位的把握程度，为每只母鸡妈妈找到自己下的蛋。

核心经验

空间方位。

材料

鸡蛋托盘、鸡蛋玩具、透明棋盘题卡、母鸡图卡等。

玩法

幼儿根据透明棋盘题卡上母鸡的位置，在蛋盒相应位置摆放鸡蛋。最后将母鸡题卡放置在蛋盒上，验证母鸡和鸡蛋所在位置是否吻合。

母鸡下蛋

核心经验：空间方位
建议人数：2~4人
玩法：幼儿根据题卡上母鸡的位置，在蛋盒相应位置摆放鸡蛋。最后将母鸡题卡放置在蛋盒上，验证母鸡和鸡蛋所在位置是否吻合

汽车纸牌（中班）

"汽车纸牌"游戏可以锻炼幼儿给物品分类的能力。这样的小游戏非常适合用来进行亲子互动。

·核心经验

集合分类。

·材料

画有各种图片的纸牌、抢答铃铛等。

·玩法

两人一组，各拿一半的纸牌，依次翻牌。当桌面上的牌中有3张具有同一属性时，即可抢答（回答这3张牌的所属类别），抢答正确的幼儿可获得这3张牌。若有一方手中无牌了，则对方获胜。

汽车纸牌

种豆子（中班）

"种豆子"需要幼儿开动小脑筋，如何才能凑足4颗豆子呢？数数看，每一次还差多少才能凑到4。

种豆子

·核心经验

数概念（凑数）。

·材料

画有方格的底板、骰子、两种（或四种）颜色的纸方框和"豆子"。

·玩法

两名幼儿轮流掷骰子，根据骰子上的点数拿取相应数量的"豆子"，并任意种在"地里"。哪块地皮里的豆子正好种满四颗，则能丰收。

城市之光

城市之光（大班）

"城市之光"是集方位和建构于一体的游戏，幼儿要看懂图纸或发挥自己的创造力，点燃属于自己的"城市之光"。

·核心经验

空间方位。

·材料

电子积木、电池等。

·玩法

每个幼儿可以选择一张建筑图纸，在理解图纸内容的基础上，选择相应的材料进行拼搭，最后点燃城市之光，一座霓虹灯闪耀的城市就搭建好了。如果对照图纸搭建得不够尽兴，完全可以发挥自己的想象力，搭建自己设计的"城市之光"。

"动物棋"需要幼儿计算方位去"吃"掉对方的棋子，同时还要通过数运算来计算各自的得分。这样的棋类游戏不乏浓浓的数学趣味。

核心经验

空间方位、数运算。

材料

棋盘、骰子、小动物卡片（标有分值）、积木、棋子等。

玩法

幼儿将小动物摆放在任意棋格内，轮流掷骰子，根据骰子点数横竖任意行进。若正好走到小动物格子内，则可获得小动物一只。游戏结束后，将小动物身后的分值累加，分值高的则获胜。

动物棋

动物棋

数学节

核心经验：空间方位、数运算

建议人数：2人

玩法：幼儿将小动物摆放在任意棋格内，轮流掷骰子，根据骰子点数横竖任意行进。若正好走到小动物格子内，则可获得小动物一只。游戏结束后，将小动物身后的分值累加，分值高的则获胜。

"红黄套筒棋"的规则类似五子棋，但增加了大套筒套小套筒的规则，使游戏结果的变数更多，更具趣味性。

核心经验

比较粗细、空间方位。

材料

大小不一的圆筒（红、黄两色）、棋盘等。

玩法

两名幼儿轮流出套筒，要尽量让自己的三个套筒连成一线。但每个套筒的大小不一，大套筒可以套在小套筒外面，将位置占为己有。

第一步棋子放在哪个位置好呢？

是先放大套筒还是先放小套筒？

红黄套筒棋

红黄套筒棋

数学节

核心经验：比较粗细、空间方位

建议人数：2人

玩法：两位幼儿轮流出套筒，谁先将自己的套筒连成一线，则获胜。游戏期间，大筒可以套住小筒。

"小蜜蜂"是幼儿也能玩的简单编程小游戏。幼儿思考行进路线，并让"小蜜蜂"执行，在不知不觉中就能提升自己的空间方位感知能力。

小蜜蜂

小蜜蜂

核心经验：空间方位

建议人数：2人

玩法：通过掷骰子或抽卡片决定小蜜蜂行走步数，自己设计路线，让小蜜蜂按组完成路线

核心经验

空间方位。

材料

小蜜蜂机器人、地图、骰子等。

玩法

骰子的点数决定"小蜜蜂"能走几步，但"小蜜蜂"前行的路线完全是由幼儿自己设计的。

幼儿可以先给自己的"小蜜蜂"定一个目的地，然后根据骰子的点数，合理规划路线。

占地盘（大班）

"占地盘"也是对幼儿空间方位的考验。这些"地皮"被幼儿一块块地放置在黑白棋盘中，有点像玩俄罗斯方块。

• 核心经验
空间方位。

• 材料
各种形状的卡片（两色）、底板等。

• 玩法
两名幼儿轮流将自己的地皮放进地盘里，每次摆放的地皮必须和自己的地皮有一处连接。最后谁的地皮放不进地盘里了，则对方获胜。幼儿要用自己的地皮封锁对方的路，又要时刻注意自己的地皮是否还留有同色的边缘。

占地盘

〇 互联网活动区

教师在准备教学活动时，往往需要花费很多时间去制作教具。而在安庆幼儿园里，教师们已经能够紧紧跟随科技的潮流，开始探索利用各种新潮的科技产品来辅助教学，实现教学目标。其中，使用数学学习App就是一种不错的方式。在此次数学节之前，安庆幼儿园就开展了和家长一同收集优质儿童教学App的活动。

在当天幼儿园的小剧场里，我们看到在里面错落设置了8~9处不同的游戏活动场地，每个场地都设有单独的小桌子，每个桌面放置了一台iPad和一份配套的游戏材料。

哈泥海洋

• 核心经验
图形、颜色、生物图鉴。

• 玩法
幼儿用橡皮泥和模板卡片捏出固定形状。扫描装置会将幼儿捏好的造型扫描成动画的形象，让其活跃在屏幕上。这个活动考验了幼儿对图形和颜色的敏感度。

哈泥海洋

奇妙电路

核心经验

电路元件、组合。

玩法

幼儿可根据 App 里提供的电路图，使用实物材料连接出相同的电路装置。在游戏的过程中，幼儿需要看懂画面里的提示，并进行复演和模拟，尝试不同元件间的多种组合效果。

核心经验

空间方位、数运算。

玩法

"思维魔方"是一个半人高的小电脑，小电脑里录入了多种儿童数学思维游戏，包括图形、颜色、数量关系、空间方位、逻辑思维等。幼儿只要选择自己想要体验的核心经验，再选中对应的姓名，就可以进入游戏了。

思维魔方

简单的数与量

拼图形

图形配对

图形和颜色配对

旋转吧，魔方

● 核心经验

空间、逻辑推理。

● 玩法

"旋转吧，魔方"将这种需要人较强空间思维能力才能玩好的魔方变成了幼儿也能玩的游戏，我们只需要一个"小帮手"。每当幼儿不知道下一步该如何进行时，只要用App扫描手中的魔方，它就会告诉你下一步可以如何旋转。幼儿只要紧跟步骤，也能成为复原小魔方的游戏高手哟！

旋转吧，魔方

图形和数概念

Hi，麦斯丝

● 核心经验

图形、数运算。

● 玩法

"Hi，麦斯丝"是一款练习图形认知、颜色认知和数运算的App。根据提示，幼儿可以完成线上的运算式，或是辨认图形和颜色。

Hi，麦斯丝

　　形形色色的数学游戏真是让人应接不暇，但是幼儿依然可以在这么多游戏中迅速找到自己想玩的。因为每位幼儿手里都有一份"游戏地图"（这份地图还是一位幼儿亲手绘制的），上面标注了每一个游戏区的位置。幼儿在家长的带领下，可以跟随地图指示前往每一个区域体验不同的游戏。看他们脸上洋溢的笑容，想必已经完全沉浸在游戏的乐趣中了。

幼儿自制的地图

环境篇

在数学节的现场，我们看到幼儿都在认真地根据教师提供的游戏规则图探索游戏玩法，不禁产生了一些疑问：幼儿园的教师是如何将复杂的数学核心经验转化为幼儿一目了然的数学游戏，并将繁复的游戏规则简单明了地告诉幼儿呢？安庆幼儿园里随处可见的可视化趣味小标识可帮上了大忙。

将游戏规则或者一个区域的要求，以这样富有童趣的方式画出来，符合幼儿认知特点。这些能够进入幼儿眼帘，并能被幼儿正确解读的标语，才是真正有意义的标识。

玩法图（1）

趣味标识

游戏的玩法也可以用图画的形式展现给幼儿，可以在很大程度上帮助幼儿理解游戏。

玩法图（2）

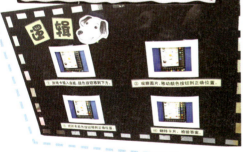

"本月推荐"栏目每月都会推荐一款经典的数学游戏。通过这个栏目一方面可将游戏介绍给家长，另一方面也能引起幼儿的兴趣。

本月游戏推荐

游戏记录

幼儿的记录表也可以这么直观。比如两个幼儿一起下棋，每一局的输赢怎么记录？每个人的得分怎么记录？怎样才能最快知道谁输谁赢？这些都是可以让幼儿一起商量决定的，让他们真正做自己游戏的主人。

○ 数字特色环境设置

幼儿园每一间教室的窗台上都设有小小的数学游戏，如：大小排序、拼图、配对等。家长们在经过走廊时，可驻足观看，也许能从中获得许多灵感，为亲子活动提供创意来源。

大小排序

墙面上的
数学小游戏

教室外的墙面是用软木板覆盖的，每一处墙面都设置了不同的数学小游戏，其中的图示是展示给幼儿看的，而文字则是给家长看的。这些有趣的、幼儿喜欢的小游戏，家长也可以在家里陪幼儿一起玩。

七巧板

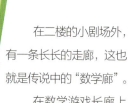

管道迷宫

在二楼的小剧场外，有一条长长的走廊，这也就是传说中的"数学廊"。

在数学游戏长廊上有许多色彩鲜艳、形式各异的数学游戏，虽然其中大部分是结构化的玩具，但在安庆幼儿园教师们的集体智慧努力下，演变出了丰富多样的玩法。难怪幼儿一到这条长廊上就"走不动"了呢！

拼图

数学廊

数字小火车

这么多有趣的玩具
唾手可得，哪个幼儿能忍
住不上前玩弄一番呢！

写在结尾

安庆幼儿园的数学节，最让人动容的还是充满欢声笑语的亲子互动。在一次难得的主题性开放活动中，家长陪伴着幼儿一起参观幼儿园，一起参与形式多样的游戏，不论是对家长还是对幼儿而言，都是一段难能可贵的相处时光。

数学节只是一种媒介，而亲子共处的欢愉时光才是安庆幼儿园数学节最大的魅力所在。

作者：张芷君　　拍摄：盛俞婷
审稿：颜萍萍
（文中部分图片由幼儿园提供）

扫一扫二维码，观看视频

·107·

第三部分

艺术特色

友情出镜

上海市虹口区密云路幼儿园
上海市静安区华山美术幼儿园

09 这所堪比美术馆的幼儿园告诉你，画得像不像真的不重要

园所简介

START!!

特别鸣谢：上海市虹口区密云路幼儿园

上海市虹口区密云路幼儿园是一所上海市一级园、虹口区示范园。密云路幼儿园的园本化课程以二期课改的内容为核心，整合创意特色课程，不断完善课程实施方案，使其类型、配置更趋科学、合理、规范，基本形成促进幼儿身体健康、心智发达、个性良好、和谐自然成长的课程体系。

在闹中取静的一个老式小区内，藏着一所小巧精致的幼儿园，它看起来干净、素雅，一点儿也不张扬，低调、沉静的整体气质却难掩它浓浓的艺术气息。

正所谓"酒香不怕巷子深"，1b＋老师如获至宝，发现了这么一所将艺术美感完美融入幼儿日常生活的幼儿园。现在，就带上我们擅于发现的双眼，跟1b＋老师一起走进这所幼儿园，来好好感受和欣赏一下。

○ 会说话的树

门厅

一走进幼儿园，两棵识别度极高的四季树便出现在我们眼前，它不同于普通幼儿园门厅内的装饰墙。在它身上，我们不仅能感受到环境的可变化性和可持续性，还可以看到幼儿与环境的互动、师幼互动以及家园互动。

门厅中的四季树

拍摄的时候刚好是秋季，于是我们看到树上贴了以橘色和黄色为主色调的银杏树叶，而走近一看就会发现，在这些银杏树叶上，幼儿和教师一同借形想象创作了各种图案与造型。

不同的时节，四季树上的叶子也会悄然发生变化。另外在过年的时候，树上还能挂满红包，变身为两棵红包树。幼儿从这棵树上能体会到四季更替，并能被其引导去观察自然界中各种不同的植物与生灵。此外，家长也能参与到互动中来。在家长会后，家长们可以为喜欢的创意树叶贴上小水晶贴纸。

一起创作的银杏树叶

○ 调皮的涂鸦凳

一楼门厅内，一排不规则摆放的小椅子吸引了我们的注意，每一把小椅子上都画有某种动物。教师除了在椅子上装饰着具有明显特征的花纹外，还根据椅子的构造来进行借形想象，比如，长颈鹿的脖子就在椅背上。

调皮的涂鸦凳

狮子

长颈鹿

另外，这错落的椅子摆放方式也是有意义的。比如，画有狮子头部的椅子被架在另一把椅子上，将狮子的形态栩栩如生地表现了出来。

○ 装饰画

这几幅装饰画特别吸引人，画中融合了几种不同的风格与表现方式。

装饰画

○ 巨幅长卷

呈现在巨幅长卷上的这些幼儿稚嫩独特的笔触，显得真实而自然，且蕴含着幼儿丰富的想象和情感。

巨幅长卷

如此令人震撼的创意作品，是由幼儿园的教师和幼儿共同完成的，教师以创设背景、提供材料为主，幼儿以涂鸦、创作为主。

令人震撼的创意作品

○ 涂鸦墙

涂鸦墙由玻璃材质制成，使用了与环境相呼应的色系，兼顾着统一的风格和易变化、实用的特性，幼儿易画易擦，且保证了与环境的互动性。

中秋主题的师幼互动涂鸦

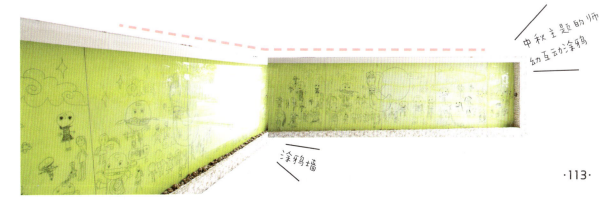

涂鸦墙

走廊墙面

○ 废旧物品再利用

　　一楼到三楼的墙面上，随处可见幼儿利用收集来的废旧物品（如：蛋糕纸盘、废旧硬纸板、废旧鼠标等）进行艺术创造而成的创意布置。这些创意聚集在一起，能呈现出怎样的立体视觉效应呢？

利用废旧物品改造的墙面

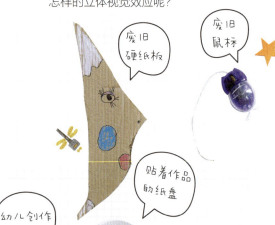

废旧硬纸板

废旧鼠标

贴着作品的纸盘

幼儿创作的小人

　　我们不得不叹服：废旧硬纸板经过借形想象，成了各种各样的动物，形态各异，甚是充满童趣；废旧鼠标干脆变身为一只老鼠，穿梭于这些动物之间；不同形状的纸盘里，贴着幼儿的作品（局部），各种色彩互相碰撞，甚是好看。但为什么会只展示作品的局部呢？经教师介绍，因为有些作品（如一些印画）较难展现其整体，但它的局部却很美，于是，经过教师的再创造，使原本可能被压箱底的作品重新展现出独特的魅力。而作品旁的那些充满灵气的小人，毫无疑问也是出自幼儿之手。

○ 活动室门口的主色调

　　班级活动室门口的色彩会比走廊的其他区域多一些，但基本每个班都会有一个明显的主色调。这个主色调就代表了班级活动室内的主色调。

活动室门口

○ 小路牌

　　走廊里还放置了许多自制的"小路牌"，可以为幼儿和外来的客人指引方向。

小路牌

楼梯

楼 梯

　　这所幼儿园给人的感觉非常安静。在阳光的照射下，幼儿园显得格外清爽舒适，墙面以白色为主，温和的黄色与橙色作为点缀。在这样温和的外部环境中，幼儿自然不会过于兴奋。有的时候，做好常规，还真得从环境做起。

和艺术大师在一起

　　《3—6岁儿童学习与发展指南》在艺术领域的教育建议中提到，要"创造条件让幼儿接触多种艺术形式和作品"。一踏入这所幼儿园，就能让人感受到浓浓的艺术氛围。在某个角落里，你还有可能邂逅艺术大师和他的作品。

康定斯基

　　出生于俄罗斯的画家和美术理论家，是现代抽象艺术在理论和实践上的奠基人。

幼儿共同绘制的抽象艺术作品

我们跟着米罗去发现

米罗

西班牙画家、雕塑家、陶艺家、版画家，超现实主义的代表人物，是和毕加索、达利齐名的 20 世纪超现实主义绘画大师之一。

师幼共同运用
"借形想象"的方式创作而成

百水

奥地利艺术家、建筑设计师。他设计的建筑有一个共同特点，就是窗户的外形都是不重样、不规则的。

创意无限的美工室窗户

毕加索

西班牙画家、雕塑家，是现代艺术的创始人，西方现代派绘画的主要代表人物。

背景全由幼儿自己创作

幼儿的相关作品

布满了橙色与黄色圆点图案的美工室墙面

美国抽象派画家，他力图通过有限的色彩和极少的形状来反映深刻的象征意义，形成了抽象的色域绘画风格。

艾瑞·卡尔

国际儿童文学大师，绘本专家，他的"My Very First"启蒙教育系列丛书，适合初学英文、颜色、形状和数字的低龄幼儿阅读。这里不仅仅局限于展示艺术家的作品，教师还挖掘了绘本中的艺术价值，并通过环境呈现给幼儿。

草间弥生

她是有着"前卫的女王"称号的日本艺术家，善用高彩度对比的圆点花纹和镜子，将这些元素大量包覆在各种物体的表面。

特色美工室

○ 创作场地

幼儿园专门开辟了采光极好的美工室供幼儿创作，他们在这里可以和大师们近距离接触，尽情发挥创意和想象。

美工室

教师在幼儿作品上粘贴一根细线，然后用鱼尾夹将细线夹在天花板上，漂亮的挂饰就完成了。以这样的形式展现幼儿作品不仅美观，而且方便取下和替换。

挂饰

展示墙

美工室整体环境

被幼儿作品填满的美工室

装有各色纸团或纸条的饮料瓶，被幼儿涂鸦过的纸杯，印有幼儿手掌印的纸袋等，这些幼儿的创意作品使整个美工室充满着艺术气息。

这里只有专心创作自己作品的幼儿，没有范例。

专心创作的幼儿

让我想想用什么颜色……

在美工室里，1b＋老师还看到了正在集体创作的幼儿，他们正在根据自己对节日烟花的感受与想象进行表达表现。

难怪在幼儿园里常能看到令人震撼的长卷画，原来这是幼儿日常创作的一部分呢！

我们一起创作

五彩缤纷的烟花长卷

刮蜡画的成品，直接被展示在长卷上

○ 作品展示

　　幼儿表达表现的创作成果并没有堆放在某个抽屉里，也不是存档在某个文件夹里，而是"物尽其用"。教师根据作品本身的特点进行展示，这个过程本身就充满了创意和挑战。

找一找，幼儿作品在哪里？

幼儿作品

"物尽其用"的展示

　　密云路幼儿园的教师更重视幼儿在表达表现时的想法与感受，更尊重幼儿的创作意图，不会以画得像不像为标准进行评价。并且在家园互动工作中，幼儿园也在积极引导家长，不以成人的标准来衡量和评价幼儿的作品。

艺术品般的幼儿作品

　　被教师精心展示的幼儿作品，看起来都像出自大师之手的艺术品。有的作品经裁剪后被粘贴在了门框上，有的被卷起后成了立体艺术品，有的被装进了瓶子里……

夹上鱼尾夹，作品就站起来了

精美的艺术品

材料架

在另一间创意美工室内，一边有序地摆放着各类创意活动所需要的材料，另一边就像是一个小型的画展，展示着幼儿的作品。

墙面装饰类似马赛克的效果，可都是由家长、幼儿与教师共同收集的瓶盖铺设而成的。

作品集

各种材料、各种画风的作品都展现在这个蒙德里安风格的作品架上。幼儿、教师的作品都在这里。

从一张平面的纸到立体作品的华丽转变

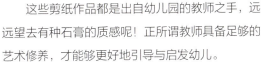

多种材料的创意使用

这些剪纸作品都是出自幼儿园的教师之手，远远望去有种石膏的质感呢！正所谓教师具备足够的艺术修养，才能够更好地引导与启发幼儿。

以自己带来的鞋子为创作媒介，充分展现了幼儿超脱的想象力。

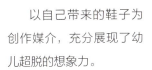

泥工室

这里的每个幼儿都知道幼儿园里有个"泥工教室"，每个礼拜会有"泥工教师"来和他们一起玩泥巴。

○ 陶土

幼儿富有想象力的作品被这样煞有介事地展现出来，还真让人觉得是大师级的作品呢！

泥工室

陶土作品

黏土作品

洗手台与青花瓷

○ 轻黏土

除了陶土，在泥工室里也能玩轻黏土。从吃的到用的，从植物到动物，只要幼儿能想到的都能做。

泥工室的洗手台背景是青花瓷的，和古朴的陶土作品遥相呼应，可见幼儿园的教师们在细节之处都花足了心思。

○ 创作的痕迹

另外，无论是美工室还是泥工室，桌子上都不同程度留有颜料的痕迹，它们并没有被刻意抹去，反而被教师完好地保留下来了。这些既然是幼儿创作留下的痕迹，那么换一种角度，它也是幼儿作品的一部分。

除了艺术特色以外，幼儿园也非常重视其他领域的内容，比如：在每层的走廊里都能看到室内运动的器材，可以保证雨天、雾霾天时的运动时间；在三楼有专门的科探区域，支持幼儿的探索与发现；在阅览室，教师将绘本按主题分类，并贴上了适合幼儿识别的标签等，真正让人感受到了"一切以幼儿为本"。

写在结尾

通透的阳光让幼儿园中的一切都显得格外静谧美好，这悠然自得的节奏让这里的教师和幼儿都不紧不慢的，这里处处充满着惊喜和幸福感。

毕加索曾说：我在十几岁时画画就像个古代大师，但我花了一辈子学习怎样像孩子那样画画。因此，画得像不像绝对不是评价一个幼儿绘画水平的标准。每个幼儿心里都有一颗美的种子，画画是幼儿在表达他所理解的这个世界的方式。我们需要做的便是为其创造条件与机会，启发幼儿对美的感受和体验，丰富他们的想象力和创造力，鼓励他们用自己的方式去表现和创造美，让这一颗颗小小的种子能够生根发芽、茁壮成长。

扫一扫二维码，观看视频

作者：宋雪珠　　拍摄：宋雪珠、忻元诚
审稿：颜萍萍
（文中部分图片由幼儿园提供）

抛弃"花花绿绿"的环境，这所幼儿园把美术馆搬了进来

START!! 园所简介

特别鸣谢：上海市静安区华山美术幼儿园

上海市静安区华山美术幼儿园是一所上海市一级幼儿园。幼儿园以"让教育回归多彩的儿童生活世界"为办园理念，师幼合作精心创设富有艺术感的教育环境，以促进幼儿感知觉的发展，激发幼儿对周围事物的探索兴趣。幼儿园精心设计相关课程，以丰富幼儿的审美经验，满足幼儿的审美需求，促进幼儿想象力和创造力的发展，从而把幼儿培养成为一个亲艺术、爱生活、乐创造的小公民。

幼儿园一定要布置成"花花绿绿"的样子吗？对于这个问题，相信许多人会给出肯定的答案，理由是：因为幼儿喜欢鲜艳的颜色；因为园长规定要这样布置；因为其他幼儿园都这样布置等。甚至还会有人问这样的问题："幼儿园不布置成花花绿绿的样子，还可以做成什么样子呢？"

这所幼儿园就可以回答这个问题，或许能给出让人意料之外却又能让人拍手称赞的答案。

藏在门厅里的小舞台

幼儿园的门厅如同家里的客厅一样，是外界接触幼儿园的第一站。一走进华山美术幼儿园的门厅，就会让人感受到一股浓浓的艺术感。幼儿园在门厅的一侧修葺了一间极富艺术感的小屋，小屋是依照幼儿身高设计的，教师会根据不同的季节、活动、节日，为小屋更换不同的背景。

门厅里的小屋

精心布置的小屋

教师如此精心布置的目的是：

1.让幼儿体验自然、民俗、艺术之美。

2.给幼儿一个开展亲子阅读、表演的舞台。

3.举办幼儿或教师的个人作品展，从而把个
人的特长和学习成果资源化；鼓励幼儿在兴
趣驱动下，进行学习、探索和艺术创造。

是不是让空间变大啦！

门厅的另一侧安置了一面大镜子，
这让整个门厅显得十分宽敞和明亮。

门厅里的大镜子

教师还会时常投放各种美工作品，让幼儿一
入园就能被富有艺术气息的环境所感染。

教师经常将各类艺术品布置在小舞台内

堪比艺术馆的走廊

走过大厅，一条长长的走廊映入眼帘，这就是华山美术幼儿园的走廊。这里没有传统幼儿园走廊的各种主题展示，这里的走廊只有巨幅美术作品，让人仿佛置身于美术馆。

走廊里的每幅作品都让人感觉是出自艺术大师之手，每幅都大有来头。

大师之作

走廊墙面被涂成了带有灰度的颜色，显得十分简洁明朗。

走廊的主色调

护墙板采用点、线、面的简单组合设计，其中的镜面能让幼儿在视线范围内欣赏到走动中的自己。

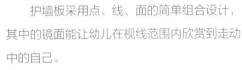

走廊的护墙板

为什么要这样布置呢？因为教室里的环境设计更贴近幼儿最近的学习活动，所以就需要更加强调公共区域布置的美感。幼儿园希望通过这样的方式给幼儿不同层面的熏陶和审美体验。

这样布置有效果吗？幼儿能看懂这些画吗？园长说："永远不要小看幼儿的想象力，他们永远能带给你惊喜。"例如当你询问幼儿："通过这幅画里的小姑娘，你看到了什么？"他们会有自己不同的理解，有的说："我在她的眼里看到了幸福。"有的说："她打算做一件事情，（这件事儿）不想让妈妈知道。"

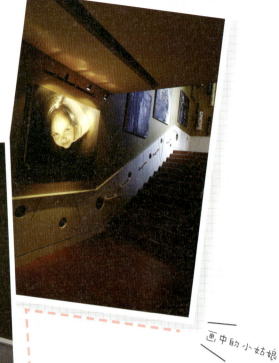

另外，教师则彼此之间都坚守着一个原则，就是坚决不告诉幼儿这些画作的名字，幼儿看到什么就是什么。

没有名字的画

画中的小姑娘

通过观察幼儿对于这条艺术画廊的反应，教师发现：

1. 即便幼儿已不再围观、讨论这些艺术作品，但他们依然需要艺术欣赏环境。

2. 幼儿对艺术作品的感受和表达不同步，幼儿园可提供相应的环境，让幼儿在反复欣赏中，积淀和表达自己的感受。

3. 其实，幼儿比我们成人更懂画。

起初，幼儿看到这些画会特别兴奋，会相互交流自己看到的内容和感受。但是，日子久了，幼儿不再特别地提及这些画。有趣的是，当这些画被借出去展出时，他们会着急地问教师："走廊里的画呢？那些好看的画到哪里去了？"等到画挂回原处他们才安了心，继续在挂了画的走廊里玩自己的玩具。

转角遇到美的楼梯

沿着艺术走廊拾级而上，在楼梯转角遇到了三面充满艺术气息的大型作品展示墙。

这三幅作品都是由教师和家长共同创作完成的，而运用的材料大多来自幼儿的亲子作业，如：拓印画、涂鸦画、粘贴画等。

楼梯转角处的艺术创作

在创作大型墙面作品时，教师特意让幼儿看到自己的创作过程，感受创意美术的乐趣。这不仅能够提高幼儿的审美能力，更能增强幼儿创作的自信，激发幼儿进一步创作的意愿。

大型墙面作品

全上海数一数二的美工室

美工室里不仅材料齐全、玩法新颖，而且园内的教师都经过了专业的美工教学培训，他们能让幼儿的创意灵感在这里得到最大限度发挥。

整个美工室被分成了几个不同的区域，便于幼儿体验各类艺术形式。

美工室

129

黏土作品

玻璃涂鸦墙

○ 从平面到立体

幼儿除了可以在平铺的纸上进行创作外，还可以在玻璃上表达与表现。这是三块玻璃材质的涂鸦墙，容易画也容易擦，深受幼儿的喜爱。

根据幼儿的经验成长情况，教师将美术活动材料从平面到立体、有层次地投放。除了黏土外，纸杯、塑料、树枝等材料都可以用来塑造立体造型。

○ 丰富的材料

随着幼儿年龄的增长，可供他们使用的材料也逐渐丰富起来。并且，幼儿手部精细动作的能力也在不断发展，因此画笔也呈现出由粗到细的变化。

不同粗细的画笔

各种刷子

○ 材料的收纳

各式材料都按类摆放在一个固定的架子里，一应俱全。

材料架

○ 教师的作品

幼儿视线所及之处都是自己创作的作品，但是在高于幼儿视线范围的地方摆放的都是教师的作品。

天花板上的教师作品

○ 作品暂存区

在美工区的一角，1b+ 老师还发现了一处作品暂存区，大班的幼儿可以把未完成的作品暂存在这里，这样非常有利于培养幼儿的坚持性与持续探索的品质。

作品暂存区

未完成的作品

已完成的作品

大班幼儿可以连续三天进入美工室完成自己的作品。

○ 作品展示墙

这面小小的墙可以用来做什么？聪明的教师把这里布置为作品展示墙，麻绳装饰不仅美观，而且可以起到防撞作用。

融合印象

另外在展示墙上，教师还投放了涤纶纸（透明的画纸），幼儿可以依照哥哥姐姐们的画作进行再次创作。

利用涤纶纸来进行二次创作的作品

录音贴纸

0288

此外，幼儿还可以通过点读笔和录音贴纸组合的方式添加自己关于这幅作品的描述和想法，录音结束后可将录音贴纸贴在作品上。其他的幼儿看到作品时，用录音笔点到对应的录音贴上就可以播放了。

作品展示墙

世界上独一无二的美工活动

为什么说它们是世界上独一无二的美工活动呢？因为"水墨荷塘"和"雨花石"是由华山美术幼儿园独家推出的活动（正在申请专利）。

材料：墨汁、各式颜料、笔刷、滴管、自来水、宣纸。

材料

1 先用湿刷子刷一刷操作框。

2 用滴管在上面滴一些墨汁。

3 再滴上一些不同颜色的颜料。

4 可以根据自己的喜好，添加更多的颜色。

6 再用手轻轻按压，获得自己想要的效果。

5 将宣纸覆盖在操作框上。

7 一幅水墨荷塘画就完成了，晾干作品后，还可以在上面继续添画。

○ 雨花石

材料：各式颜料、裱花袋、涤纶纸、卡纸。

材料

1 将颜料自由滴在纸上。

2 覆盖上涤纶纸后，用手掌拍压。

3 然后再用手指压一压。

4 将涤纶纸转一转、拉一拉。

转一转。

拉一拉。

5 将涤纶纸拉起来，再放下来，然后再拉起来，再放下来。

拉起。

放下。

6 将涤纶纸往旁边移一下，再进行两次"拉起放下"的操作。

7 最后将涤纶纸抽出，一幅雨花石画就诞生了。幼儿还可以利用其他美工材料创作，凭自己的想象力自由发挥。

作品暂存架

幼儿完成的"雨花石"作品可以暂存在这个架子上晾晒。

别出心裁的作品展示方式

在活动结束之后，幼儿的创作成果没有被随意堆放在某个抽屉里，而是被教师创作成各种各样的环境装饰，有些还会被制作成明信片，可永久收藏。

华山美术幼儿园的园长说："创造性地、富有艺术感地呈现幼儿的作品，是我们教师的基本功。展示幼儿作品不是教学活动的结束，而是新的欣赏活动的开始。"

幼儿作品展示

自己的作品被教师如此用心地装裱，并精心地布置在活动室的墙上、桌上、展示窗中，想必幼儿的创作自信和热情也会更加饱满。

装裱过的作品

墙上的作品

走在这些被细心装饰的作品之间，还真有种进入艺术展馆的错觉。

教师还会将幼儿创作的瞬间记录下来，并将作品照片制作成册，然后用点读笔和录音贴记录幼儿对于画的描述。

教师制作的
作品记录册

这里的美工室是幼儿凭借自己已有经验和能力，进行艺术创作和自我满足的天地。

若非幼儿求助，教师不会影响幼儿的选择和思考。那教师是如何引导幼儿开展活动的呢？其实美工室内所有的环境、材料都在替教师说话，例如：教师的作品能向幼儿传递多种材料混用的经验；精心准备的工具材料可以支持不同年龄阶段的幼儿开展美术创意活动，并表现细节；操作底板和展示环境的设计也在激发幼儿的创作灵感。

一楼教室的
主题色为绿色

让幼儿多动手的教室

幼儿园的教室分别以黄色、绿色、蓝色为主色调，教室里的护墙板、橱柜全部选用白色。

教师之所以运用这样有些大胆的设计，园长给出了他们深思熟虑后的想法。

二楼教室的
主题色为黄色

1. 这是教师的选择。因为教师想要追求美，但又要避免杂乱。试想下，幼儿的衣服、玩具都是彩色的，如果护墙板还是彩色的话，整体就会显得很纷乱。所以教师给每个教室都设立了一个主色调，让视觉环境有一个整体感。

2. 这是幼儿的选择。在装修新校舍时，园长将候选的颜色色卡交给了幼儿，让他们挑选自己喜欢的颜色，用幼儿的审美，装扮他们自己的世界。下面我们就走进教室，一起来欣赏这充满美感的环境。

○ 中班

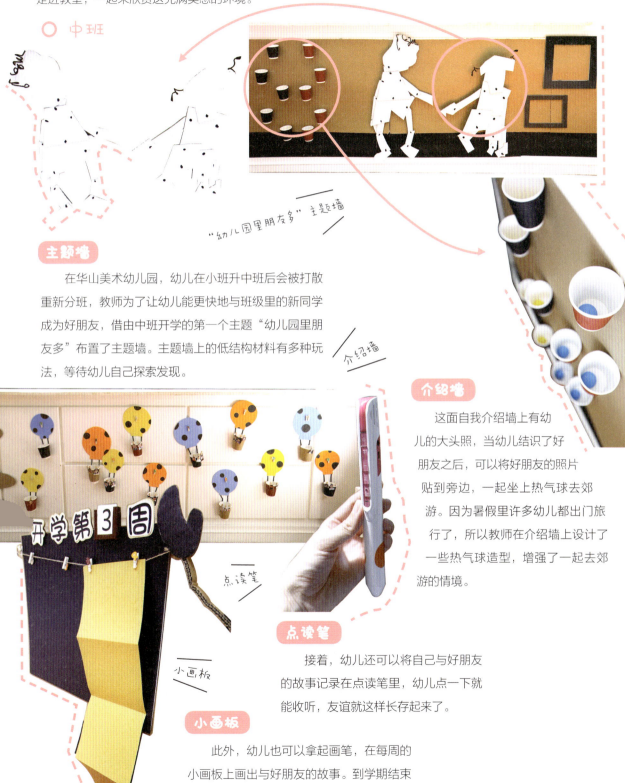

"幼儿园里朋友多" 主题墙

主题墙

在华山美术幼儿园，幼儿在小班升中班后会被打散重新分班，教师为了让幼儿能更快地与班级里的新同学成为好朋友，借由中班开学的第一个主题"幼儿园里朋友多"布置了主题墙。主题墙上的低结构材料有多种玩法，等待幼儿自己探索发现。

介绍墙

介绍墙

这面自我介绍墙上有幼儿的大头照，当幼儿结识了好朋友之后，可以将好朋友的照片贴到旁边，一起坐上热气球去郊游。因为暑假里许多幼儿都出门旅行了，所以教师在介绍墙上设计了一些热气球造型，增强了一起去郊游的情境。

点读笔

点读笔

接着，幼儿还可以将自己与好朋友的故事记录在点读笔里，幼儿点一下就能收听，友谊就这样长存起来了。

开学第3周

小画板

小画板

此外，幼儿也可以拿起画笔，在每周的小画板上画出与好朋友的故事。到学期结束时，一本记录册就完成了。

○ 大班

这里记录着每天的天气状况，幼儿可以通过"月份气温变化曲线图"来了解四季温度的变化。

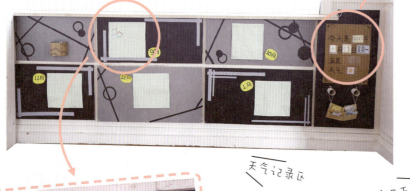

今天是 2017年
月 日
温度
天气

天气记录区

今日天气

气温变化曲线图

9月

幼儿画的心情图

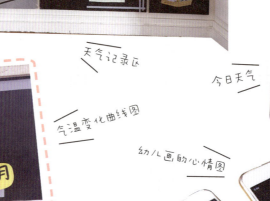

不同颜色的怪物代表不同的心情。

美丽的校舍在无形中对环境创设的美感提出了更高的要求。园所的骨干教师特意制作了一本卡纸样册，方便购买材料的教师按需订购好看的纸，也方便教师选用与环境颜色相称的纸张。在许多细节上，华山美术幼儿园的教师显得有点"小苛刻"，但正是这样，才能在幼儿目力所及的范围内，都是美的呈现。

看完华山美术幼儿园的环境，我们不禁要为其"具有教育性，富有艺术感，凸显创造力"的环境喝彩！同时他们的创意也是在提醒所有幼教人：

1. 环境所呈现的美感能够直接影响幼儿审美标准的形成。

2. 环境所呈现的表现方法可以逐渐转化为幼儿的美术经验。

3. 环境所蕴含的教育意图会潜移默化地支持或引导幼儿的发展。

心情角

大班正在开展"我自己"的主题，教师在主题墙上布置了心情角，让幼儿记录每天的心情。

家长还可以在朋友圈里晒出幼儿自己画出来的今日心情图。

心情角

充满童趣的盥洗室

　　华山美术幼儿园的教师从幼儿健康发展的角度出发,创设了富有童趣的、受幼儿喜爱的盥洗室环境。动物及天花板上的蓝天白云装饰,让整间盥洗室充满了童趣。

富有童趣的盥洗室

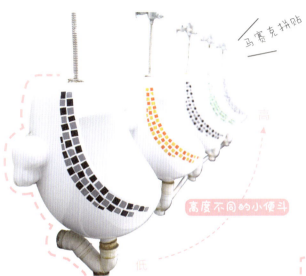

马赛克拼贴

高度不同的小便斗

高

低

○ 不同高度的小便斗

　　另外,小便斗的高度是不同的,这么设计是为了满足不同身高的幼儿使用,是不是非常贴心呢?

○ 留白设计

　　盥洗室内的小便斗和盥洗室挡板都有留白设计,目的是为了给幼儿一个动手、动脑以及改善自己活动环境的机会。比如,教师与幼儿一起在留白处创作了马赛克拼贴。

洗手步骤图

○ 洗手步骤图

　　教师将无纺布剪成两只小手的样子,并利用其摆出正确的洗手步骤图,既直观又有趣味。

○ 改良的棉帘子

　　冬天,盥洗室的门口挂上了棉帘子,教师提醒幼儿进出要礼让,但幼儿说:"我们看不见对面出来的人,怎么礼让呀?"于是,教师将棉帘子进行了改良:在幼儿视线的高度,加上了透明轻纱,这样内外有没有人就一目了然。

　　所以,教师在创设幼儿园环境时,美观不是唯一的标准,从幼儿角度出发创设的环境才是真正能帮助幼儿的好环境。

透明轻纱

改良的棉帘子

打造美术特色幼儿园的秘籍

最后，我们向园长请教了以下几个小问题，希望能从中探寻到打造如此优秀的美术特色幼儿园的秘籍，获得学习成长的思路。

Q & A

问：是不是入职的幼儿教师都要有美术特长？

答：对于教师来说，懂孩子是第一重要的，拥有美术特长的教师会加分许多，但并非全部教师都有美术特长。

Q & A

问：不懂美术设计的新手教师，怎么着手创设环境？

答：对于新手教师来说，最好的学习办法就是让他们动手做，在做中学。刚开始的时候，可由老教师带着做。如果新教师独立设计没把握时，可先画好草图给园长或者业务骨干过目。同伴会把自己的经验传授给新手教师，比如：选用的主要颜色不要超过 4 种；风格要统一等。教研组也会组织讨论，围绕最近开展的主题内容以及幼儿的表达表现水平来做教学具设计。

Q & A

问：如何提高自己的审美能力？

答：建议教师多去逛街、多看展览，看看商店的橱窗是怎么布置的，去欣赏艺术展的美和独特性，去领会别人的创意设计。日子久了，审美水平就会慢慢提高。美术经验丰富了，眼光自然会好，创意也会如泉涌。

写在结尾

参观华山美术幼儿园的环境创设，让 1b+ 老师不仅对打造美术特色幼儿园有了新的理解，更是被园长十年如一日坚持给幼儿最美的环境所打动。

幼儿的天赋远超出我们的认知，他们常有出彩的表现，让我们惊喜不断，同时也在挑战我们的想象和判断，所以，以我们有限的智慧，主观地将所谓的不适合幼儿的东西从他们的世界里划分出去，对幼儿很可能是一种野蛮生硬的剥夺。

环境影响幼儿的成长，这是一个内在的、潜移默化的过程。每位幼儿教师要力求自己所做的一切努力都是为了给幼儿创造最好的环境。

作者：忻元诚　　拍摄：宋雪珠
审稿：颜萍萍
（文中部分图片由幼儿园提供）

扫一扫二维码，观看视频

第四部分

阅读特色

友情出镜

上海市虹口区东余杭路幼儿园
上海市浦东新区浦南幼儿园

11 如何打造出一个人人爱阅读的幼儿园环境

园所简介

START!!

特别鸣谢：上海市虹口区东余杭路幼儿园

上海市虹口区东余杭路幼儿园创办于 1956 年，1980 年成为上海市示范性幼儿园，2001 年再次被认定为市级示范园，曾获"全国教育系统先进集体"、"上海市劳动模范集体"、"上海市家庭教育先进集体"、"上海市三八红旗集体（三连冠）"等荣誉。我们以"人格与体格相融、智力与能力并重、个体与群体相宜"为核心，注重早期幼儿的潜能开发和个别化教育，建构以"幼儿园文学整合教育活动"为特色的课程。

毕淑敏说："让幼儿爱上阅读，必将成为你这一生最划算的教育投资。"那如何让幼儿爱上阅读呢？《3 — 6 岁儿童学习与发展指南》中建议，首先要"为幼儿提供良好的阅读环境和条件"。让环境充满书香，幼儿的心底自然会生长出智慧的种子。

今天，我们就一起走进这所以阅读为特色的上海市示范性幼儿园——虹口区东余杭路幼儿园，看看这所幼儿园是如何用环境激发幼儿的阅读兴趣，培养他们的阅读习惯的。

当我们在阅读时，除了要有一处读书的场所，读什么书、读书时的心情如何、在什么时间读等，都会对阅读体验产生很大影响。而东余杭路幼儿园让我们感到惊喜的地方是：这里不仅仅向幼儿提供了丰富的阅读场所，更从幼儿的年龄特点出发提供读物，以充分满足他们的阅读乐趣。

大厅

○ 大厅中的阅读区

　　一走进幼儿园，我们就被浓浓的"书香"氛围所感染。一楼大厅内宽敞的阅读角，用温馨色调布置的环境，加上适合幼儿身高的座椅，这样的环境能让幼儿不自觉地进入阅读状态。当家长接送幼儿时，亲子阅读行为也更容易发生。

亲子阅读区

○ 亲子阅读区

　　楼梯旁还有一处宽敞的亲子阅读区，这里除了有丰富的藏书之外，教师还会定期利用这一区域开展家长助教活动，这样的活动开展已有 10 年历史了。教师希望家长不要忽略言传身教的力量，以身作则对幼儿有至关重要的作用。

小画廊

○ 小画廊

　　在一楼的一间小隔间里，我们发现了这间小小的画廊。幼儿在阅读绘本之后，可以在这里尽情涂鸦，从"阅读与书写"到"表现与创造"。

漂流书柜

公共区域

○ 图书的摆放

　　在二楼的公共区域有一处漂流书柜，分门别类地放置了各式绘本。在这里所有的绘本都是封面朝外摆放的，因为大部分的幼儿在书柜选书时，脑海里都没有特定的书名，吸引他们的往往是一本书的封面，而不是书脊。

○ 借阅的流程与规则

书籍借阅的全部环节都由幼儿自己完成。为了引导幼儿模仿图书馆的借书流程借阅图书，教师和幼儿一起绘制了借书的规则图片以及书签、借书卡等。

秩序井然，有模有样

1. 检查封面

2. 检查封底

3. 有无缺页

借书规则图卡

4. 有无破损

借书卡

借书日期	书号	状态

5. 合格盖章

大一班

大二班

所有的借书卡全部被放置在这个橱柜中，一目了然。

放置借书卡的橱柜

书签

○ 小人书

　　漂流书柜的另一边还陈列了我们小时候看过的小人书，目的是为了让幼儿认识这些历史上有名的文学作品，了解和感受传统文化。

我们小时候看过的小人书

楼梯

　　在一楼的楼梯下方，布置了幼儿自己绘制的幼儿园地图。我的班级在哪里，一看就知道。

幼儿自己绘制的地图

教室

　　当幼儿看完书后，会有许多新奇的想法想要表达。我们在东余杭路幼儿园的环境布置与区角活动里，可以看到这样的延伸活动区域，不仅有艺术创作方面的内容，还有建构、科探、益智领域的拓展。

　　在设计阅读活动的延伸活动时，首先需要给幼儿创设一个丰富的阅读环境。在幼儿园的教室里随处可见这些绘本元素。

随处可见的绘本元素

　　只有通过大量的感受和欣赏，幼儿才能进行表达表现，这个道理不仅适用于艺术领域，也同样适用于幼儿的阅读拓展活动。下面将会通过几个案例来呈现幼儿的阅读拓展活动是如何开展的。

利用各种自然材料将绘本《好饿的毛毛虫》搬到了墙上。普通的平面书在幼儿的手中变得生动立体。

你见过五颜六色的大象吗？在东余杭路幼儿园的教室里就有这样的大象。它是幼儿非常喜欢的形象。如果幼儿想要探索更多，可以在大象形象下面的大书架里了解，书架里所有的书都是关于花格子大象艾玛的。幼儿可以自由选择自己想看的那一本，了解更多关于花格子大象艾玛的故事。

好饿的毛毛虫

橡皮泥

花格子大象艾玛

在这个小小的阅读天地里，幼儿还可以用画笔设计属于自己的花格子大象。

幼儿绘制的花格子大象

旋转的纸盘

看完《红气球》，一起来与红气球做一个游戏吧！将红气球充满气，让纸盘飞速旋转起来。

先充气，管子向上放。

旋转的纸盘

成功啦！

材料

有个幼儿，第一次试验失败了，旁边的幼儿提醒说，要把管子向上放。

○ 自行车解锁

在幼儿看完《鲁拉鲁先生的自行车》后，教师在教室里也放置了一辆"自行车"。教师非常与时俱进地将硬纸板做成了共享单车的样子，当然还是带锁的，需要幼儿动脑筋才能解锁。

教师自制的自行车

解锁卡

8-5+1

比3小的单数

密码提示

密码的提示就在地上的白纸上，有数的运算、计量等数学启蒙的小环节。

○ 建构活动室

教师投放了丰富多样的建构材料，并为幼儿提供了足够大的场地。幼儿可以运用不同的建构方式和材料，将自己的阅读、生活等经验充分表达、表现出来。

特色活动室

我们的作品。

材料丰富的建构活动室

○ 阅读室

除了公开区域中的阅读区外，幼儿园还有一间静谧的阅读室。

规则图

阅读室

规则图

在每张阅读桌的桌角上，都粘贴着幼儿自己画的图书馆规则图，上面的内容有：哪里借哪里还；书籍坏了要送去修补；读书时不要大声说话等。

懒人沙发

沙发

窗户旁放置着懒人沙发，幼儿可以随意找一个自己喜欢的沙发，以舒适的姿势坐着看书，当然也可直接坐在地板上看。

书架

书架上图书的数量很多且类型丰富，教师还会定期向幼儿推荐重点图书，这些教师推荐的书都会被放在书架的下层，方便幼儿取阅。

书架

数字标签

书架上粘贴着幼儿自制的数字标签，以便于他们在还书时找到图书的相应位置。

书架上的数字标签

在墙上，有一处叫作"悦读心情"的布置，这里记录着幼儿每一次读完书后的心情。教师不仅仅给予幼儿一个安静的、舒适的阅读环境，**更关注幼儿阅读后的心情。**

"悦读心情"区

绘本涂鸦房

阅读室的里面是一间绘本涂鸦房。原来读书空间也可以如此私密，1b+ 老师真想躺在这里看一天的书。

绘本涂鸦房

大型拓印积木

○ 中国文化体验馆

走廊的另一头，幼儿正热闹地在中国文化体验馆里玩着活字印刷游戏。看着他们欢快忙碌的样子，让人忍不住驻足观看了许久。

书本上的字是从哪里来的？怎么印上去的？面对幼儿的这些提问，与其说原理、讲知识，不如让幼儿亲身去体验吧！

中国文化体验馆

大型拓印积木

教师为幼儿准备了高大上的活字印刷拓印积木，并在积木的侧面与底面都标识了该字，方便让幼儿找到自己想要拓印的文字。

刷墨

这名小男孩选择了自己姓名里的"高"字，和小伙伴一起完成游戏。他稳住拓印积木，让小伙伴用沾有墨的胶辊往活字印刷版上均匀刷墨。

然后用力地将拓印积木均匀压印宣纸，一幅活字印刷作品就完成了。

拓印完成

拓印不完整

在幼儿刚印刷好的字旁边，还有一个不完整的"高"字，这是幼儿之前的"失败"作品。

教师通过观察幼儿的游戏过程后，在旁引导幼儿："为什么会有部分文字没印出来呢？""是哪里没有刷上墨水？还是没有用力压呢？"幼儿经过几次尝试，最终找到了其中的诀窍。

体积较小的拓印材料

○ **小型拓印材料**

除了大型的拓印积木外，教师还准备一些体积较小的拓印材料，幼儿可以选择不同的道具进行活字印刷游戏。

有的幼儿还能将几个字连起来拓印，组成一句话。

绘本

作品

我们的工作照

我爱蓝天
我爱太阳
我爱星星

拓印作品

工作照

展示墙

○ **展示墙**

旁边的墙上展示了幼儿的"工作照"、与传统文化有关的绘本、幼儿作品等。在幼儿作品这边，我们看到了印有字的扇子，看上去特别雅致和古朴呢！

印有字的扇子

阅读成就未来工程师

在幼儿园里，随处都能看到幼儿的手工作品，然而令我们感到惊讶的是，有些作品对于大多数幼儿来说是相当有难度的，但在这里，大部分幼儿却能自己动手独立完成。

细问之下才知道，这里的教师在培养幼儿阅读兴趣的同时，更着重于培养幼儿通过阅读学会动手操作的能力，这才是阅读的另外一个益处所在——读以致用。比如，幼儿可以通过阅读说明书来进行手工制作。

○ 小木工

幼儿根据教师提供的材料与环境里的各种提示，自己动手做木工，把绘本里的小动物做出来。

操作台

小木工

小木工

你认识吗？

看出我是什么动物了吗？

幼儿制作绘本中的动物

绘本里的小动物

○ 组装与拼搭

幼儿自己参考说明书，组装自行车、滑板车和直升机等。

说明书

拼搭提示

找一找　拼一拼

如此复杂的拼装，1b+ 老师觉得成人有时都不一定能顺利拼装出来。

帅气吧！

幼儿拼搭的自行车

墙上的说明书

幼儿依据墙上的说明书，在装配车间里自己组装座椅和房子。

说明书

巡逻车

建构记录本

○ 建构记录本

幼儿能顺利完成拼搭的秘诀之一是，他们都有属于自己的建构记录本。今天搭到哪里、进度如何，一目了然。

○ 作品陈列区

教师会将幼儿完成的作品陈列出来，供大家欣赏。

幼儿作品展示

在这里，1b+ 老师想与大家分享一张在东余杭路幼儿园楼梯间拍摄的照片，上面写着：书让我们爬得更高，走得更远！

是的，书读得越早、越多，我们就能站在巨人的肩膀上，看得更远。

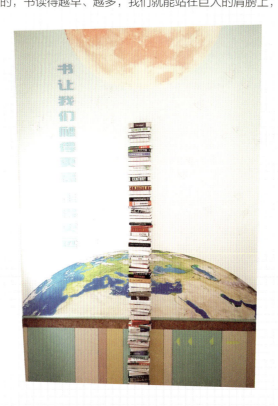

作者：忻元诚　　拍摄：宋雪珠

审稿：颜萍萍

（文中部分图片由幼儿园提供）

扫一扫二维码，观看视频

12 将阅读真正融入幼儿园的一日生活中

—— 早期阅读示范园的阅读实践经验分享

特别鸣谢：上海市浦东新区浦南幼儿园

园所简介

START!!

上海市浦东新区浦南幼儿园创办于 1981 年，是一所在全国享有盛誉的上海市示范性幼儿园。浦南幼儿园致力于早期阅读的研究与实践，1997 年将其转化为课程。早期阅读已逐渐成为了幼儿园的品牌特色教育。

见过阅读角做得好的幼儿园，见过阅览室做得好的幼儿园，见过家园共育自制图书做得好的幼儿园，但是能把阅读真正融入幼儿生活中的点点滴滴，把阅读融入园所环境中的角角落落，把阅读融入幼儿发展的方方面面，并不多见。

在浦南幼儿园，阅读是一种氛围，它让幼儿生活在知识的世界里，阅读成为了幼儿生活中必不可少的一部分；阅读是一件好玩的事情，它不枯燥，幼儿像热爱游戏那样热爱阅读，每个幼儿都可以成为爱读书的人；阅读更是一种能量，每个幼儿都有了求真探索的品质，在阅读中就能获得最大程度的学习和发展。为什么这样讲？浦南幼儿园的环境创设可能会颠覆你对"阅读"的理解。

阅读是生活：将阅读渗透在幼儿的一日生活中

○ 听一听小秘密

幼儿把自己心里的小秘密录下来，贴在这些"朋友"的身上，好朋友看到了就会用点读笔来收听。大家用这样的方式分享着彼此的心情和感受。

今天我很开心，因为爸爸陪我玩了，他平时工作很忙，很少陪我，但是今天我和爸爸玩得好开心。

听一听小秘密

早期阅读的内涵很丰富，所有和听、说、读、写相关的内容都属于早期阅读的范畴。在这样的活动中，幼儿不仅发展了听和说的能力，更增加了同伴间社会交往的机会。

幼儿写的信

这封信中的深意，你能猜出来吗？

○ 给祖国妈妈写封信

与"听一听小秘密"比较类似的一个活动是"给祖国妈妈写封信"。这个由主题延伸而来的活动深受幼儿的喜爱。

活动刚开始时，幼儿都给祖国妈妈写信。随着活动的开展，幼儿开始给自己的妈妈写信，给教师写信，也会给同班的小伙伴们写信，写信对于幼儿来说就是一种前书写行为。

邮筒

图书修补区

也就是说，幼儿在正式学习文字之前，会使用大量的符号来表达自己的认知和情感，就像画画一样。

○ 植物角中的"书香味"

植物角也可以和书籍融合吗？答案是肯定的。自然角里不仅放着各式各样的植物，同时也摆放了和植物有关的书籍。幼儿养成了遇到问题，自己去书籍里找答案的习惯。

植物角中的书籍

○ 图书修补区

在浦南幼儿园，每个班级都会有一个图书修补区。如果看到有图书破损了，幼儿就会自觉拿到修补区进行修补。从这项活动中，幼儿懂得了爱惜书本，更为重要的是，他们更加地尊重和热爱图书了。

○ 说说悄悄话

幼儿拿起电话，把心里的悄悄话讲出来，甚至画出来。这不仅锻炼了幼儿的表达能力，还有利于幼儿发泄负面的情绪，保持良好的心理状态。此外，这还是一个解决分离焦虑的好办法，小班的教师不妨试试看。

说说悄悄话

小茶舍

○ 小茶舍

茶叶的品种繁多，它们到底有什么差别呢？为了回答这个问题，教师干脆把各种常见的茶叶分类摆放出来，幼儿利用点读笔收听茶道文化，还可以亲自泡茶品尝一下。

○ 花开四季

阅读是游戏：
将阅读游戏化

我们走进浦南幼儿园的时候，恰逢幼儿园正在进行关于"季节"的主题活动。两个幼儿坐下来，透过中间的小小戏剧框，玩一种名叫"花开四季"的游戏。一个幼儿对着话筒说："春天春天开什么花？"另一个幼儿通过听筒听到提问，拿出一朵和春天匹配的花，放在戏剧框里说："春天春天开迎春花。"（活动可重复进行）幼儿在游戏中不仅学习到了关于花的知识，而且还体会到了大自然的奇妙，产生了热爱大自然的情感。

除此之外，跟读韵律感强的儿歌、童谣能帮助幼儿发展语言能力，且是幼儿喜欢的活动形式。

花开四季

戏剧盒子

戏剧盒子

教师为幼儿准备了两个制作精美的小盒子，旁边还放了一些各色人物的小卡片。幼儿可以自由延伸出一些"脚本"，根据脚本的内容，在小盒子里面自导自演一些故事的内容。

各色人物小卡片

我和爸爸的那些事

教师用经典漫画《父与子》的情节为幼儿营造了一个关于亲子互动的空间。

父与子

分享甜蜜故事

幼儿回家后，可以讲一讲自己和爸爸之间的故事，并请父母以小视频的方式录下来。第二天，教师会在教室播放录制好的视频，让幼儿互相分享父子（女）之间的甜蜜故事。

春夏秋冬转转转

一名幼儿转指针，另一名幼儿找出对应季节的水果。幼儿在游戏中，不知不觉就获得了很多关于时令水果的小知识。

春夏秋冬转转转

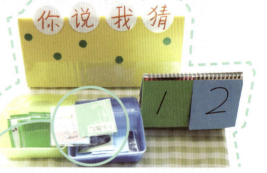

你 说 我 猜

你说我猜

一名幼儿拿出一张图片，另一名幼儿猜出这张图片所对应的成语。

这些漫画很形象

○ 八点钟，干什么

幼儿在这块板上自由填充卡片，然后根据卡片的内容，口头创编一个小故事。

八点钟，干什么

○ 你说我搭

一名幼儿描述图片上的场景，另一名幼儿用积木摆出相应的造型。这个游戏不仅能发展幼儿的语言表述能力，还能让幼儿在游戏中获得空间方位方面的发展。

你说我搭

小吃店

○ 角色区 + 阅读

很多教师都开展过关于《好饿的毛毛虫》这本书的语言活动，但是我们有没有想过，由此可以延伸出一个小吃店呢？这里展示的就是阅读与角色区渗透的绝佳案例。

○ 美工区 + 阅读

绘本《我的连衣裙》被教师巧妙地运用在了美工区。通过阅读绘本，幼儿萌发了给小兔子制作连衣裙的兴趣。教师在美工区投放了恰当的材料，这样幼儿就可以动手制作了。他们对自己制作的连衣裙爱不释手。

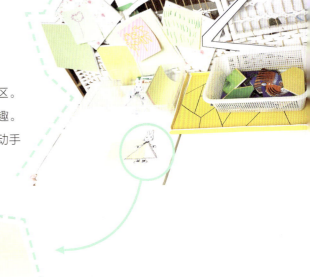

幼儿制作的
连衣裙

材料（1）

阅读是学习：
个别化学习方案

○ 自制图书

　　从了解图书的结构开始到制作图书，最后到展示出完整的作品，幼儿在整个制作图书的过程中都在不断地探索和学习。

步骤图

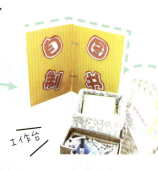

工作台

自制图书区

材料（2）

幼儿自制的图书

○ 选词填空

对于马上要进入小学学习的大班幼儿来说，这种填完后可以自我校对的选词填空小游戏，非常受他们喜爱。当然，教师选择的古诗词都是幼儿耳熟能详的。

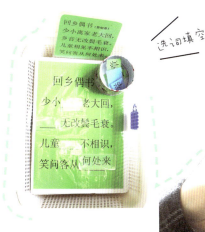

选词填空

○ 阅读72变

小小的几个符号和标签，加上点读笔的灵活运用，就可以教会幼儿正确的阅读方法。

1. 先用眼睛看一看，这本书在讲些什么。

2. 带着问题听故事，并在其中寻找答案。

3. 完整地畅听故事。

4. 用幼儿自己的语言讲述书中的内容。

正确的阅读方法

○ 视听区

这里是教室中的视听区。教师利用电子设备，可以促进早期阅读的多元化进展。

视听区

○ 阅读室

小栏目

在阅读室中，除了有品种丰富的图书供幼儿阅读外，教师还设置了一些温馨的小栏目与小提示，比如本月推荐、推荐绘本、温馨提示等。

阅读室

午后阅读

推荐绘本

温馨提示
1. 在"朗朗书屋"看书
2. 每次拿一本
3. 轻轻拿
4. 看完把书放回

小栏目

沉浸在阅读中的幼儿

舒适的环境

在这样一个舒适的环境中，幼儿可以充分享受阅读的乐趣。

朴实但实用的阅读桌

阅读桌

在原来的阅读桌上，本来是有一块非常漂亮的桌布的，整体看上去也很雅致。但是现在为什么拿掉了呢？因为桌布总是掉下来，幼儿在铺着桌布的桌子上看书很不方便，所以教师最终还是把它拿掉了。从这个细节可以看出，教师创设的环境是为幼儿服务的，我们需要在外在美感和对幼儿的切实教育价值之间找到一个平衡点。

电子图书室

电子图书室

在电子图书室里，也有电子视听设备供幼儿使用。

图书护照

这是图书护照，幼儿可以将自己读过的书通过敲章的方式记录下来。

记得 **敲章** 哦！～

阅读规则

使用规则

1、保持安静　　2、爱护图书　　3、放回原处

阅读规则

为了保证阅读室内的秩序，这里还有一些阅读规则。

家长公约

① 开放借阅时间为小班周二、中班周三、大班周五，上午7:45—8:45。

② 阅读室要保持安静

③ 阅读时，在指定区域内选取图书并进行登记借书

静

表演区

表演游戏是以故事（儿童自己创编或来自文学作品）为线索展开的游戏活动。幼儿会基于自身的阅读实际情况和兴趣，自主地生成表演游戏。因此，在阅读室设置一个表演区，恰恰展现了教师从幼儿出发的教育观。

写在结尾

阅读不仅仅是读书，而是听说读写面面俱到。阅读不仅仅是图书角活动，而是生活游戏加学习。阅读不仅仅需要教室里面摆放适合幼儿阅读的书，更重要的是要营造一种弥漫在园所空气中的文化氛围。这就是渗透式早期阅读。

作者：张笑颖　　拍摄：盛俞婷
审稿：颜萍萍
（文中部分图片由幼儿园提供）

扫一扫二维码，观看视频

图解

幼儿园环境创设 下册

幼师口袋 编著

华东师范大学出版社
·上海·

目录

目录

第一部分

特色活动

友情出镜

上海市闵行区景谷第二幼儿园
上海市闵行区常春藤幼儿园
上海市嘉定区中福会新城幼儿园
上海市浦东新区南门幼儿园
上海市浦东新区水厂田幼儿园
上海市黄浦区枣林幼儿园
上海市宝山区陈伯吹实验幼儿园

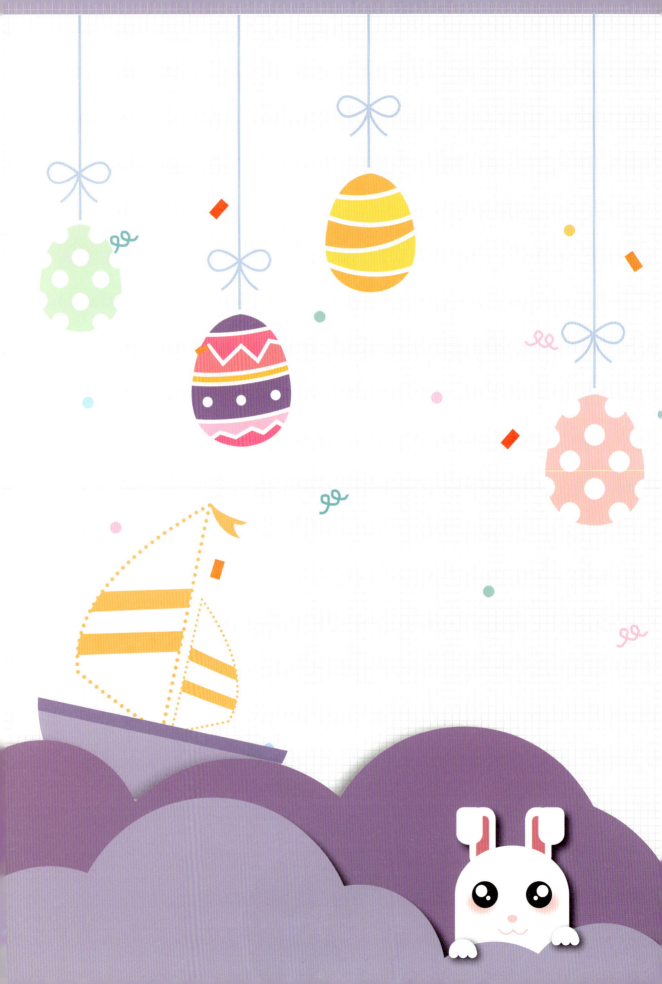

01 玩色彩，玩出一个美术特色的幼儿园

START!!

园所简介

特别鸣谢：上海市闵行区景谷第二幼儿园

上海市闵行区景谷第二幼儿园成立于 1990 年，是一所以美术教育为特色的上海市一级幼儿园。幼儿园始终以幼儿发展为本，以素质教育为核心，以实践二期课改与艺术教育融合为特色，课程设置围绕乐在趣中、乐在动中、乐在变中等方面，关注对幼儿艺术情趣、表达表现、创造想象能力等方面的培养，从而实现健康活泼、好奇探究、文明乐群、勇敢自信的幼儿发展目标。

来到景谷第二幼儿园之前，我们早已听到了很多关于这所比较"偏辟"的幼儿园的各种赞赏。这次我们近乎横穿了一个上海的距离来到了这所"传说"中的景谷第二幼儿园。

大厅

景谷第二幼儿园的大厅非常开阔，教师们将这里划分成了好几个不同的区域，为幼儿提供尽情探索的空间。

节庆展示

○ 主背景墙

节日来临时，这里的主背景墙是重点装扮的区域，目的是提醒幼儿特别的日子将要来临了。

猜猜这是在迎接什么节日？

教师风采展示

大厅这块区域除了被用作大型节庆活动的展示之外，也是展示教师风采的区域。

○ 自由创作区

因为大厅的空间比较大，幼儿在创作大型作品时，就可以在这里完成。

场地有多大，作品就有多大！

幼儿创作大型作品

○ 雨靴设计区

生活并不缺少美，而是缺少随处绽放的"脑洞"；世界并不缺少绿，而是缺少装在靴子里的一捧土，只要给我点画笔和土，我就为你种下四季。

○ 上海风情街

在上海风情街，幼儿可以制作带有上海特色的小玩艺。

雨靴中的四季

民族的才是世界的

珠宝设计师

弄堂里的珠宝店

幼儿正在制作漂亮的珠宝，做完之后还可以放在珠宝店里呢！

在这里，幼儿用颜料进行创作的热情得到激发，他们可以在宣纸上画画，在纸箱上画画，在板凳上画画……世界是一张大画布，等待着他们的创作和发现。

在宣纸上画画

在纸箱上画画

在板凳上画画

○ 作品展示区

在大厅的一侧悬挂着多年以前的幼儿绘画作品，虽然穿越了多年的时光，却依旧能够打动人心。

能够打动人心的作品

日常作品展示

如果想要展示幼儿日常的作品，还可以借鉴这样的方式。

走廊、过道

置身幼儿园的走廊和过道，每一层都别具特色，体现出教师的匠心独具，并且这里的环境布置竟然都上了"天"。下面我们就来看一下，这所幼儿园的环境创设是如何上"天"的。

动物世界

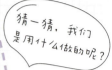

这些造型是不是没看懂？或许我们可以俯下身来问问身边的幼儿，他们也许能给我们一个精彩的答案。

未知的天空

○ 天花板

这些可爱的动物造型都是用丝瓜瓤做的，是不是很新奇呢？

猜一猜，我们是用什么做的呢？

丝瓜瓤不易得而黏土常有。有人说大海是倒置的天，鱼儿也可以游在蔚蓝的天空里，和幼儿一起实现"飞鱼"的梦想吧！

海底世界

只要脑洞够大，我们的天花板就有无限可能。比如：不能遮风挡雨的伞；不能玩游戏的正方体骰子；最新潮的瓷砖花纹；天上有朵雨做的云；浪漫的球和纱；挂着眼泪（水晶球）的枯枝；灯笼与清雅的竹子等。

色伞世界

有趣的毛毛球——乒乓球

"方块"世界

云和雨

纱与编织球

竹枝与灯笼

树枝与水晶球

家园联系栏

○ 家园联系栏

为了搭配如此有创意的天花板，教师将班级门口的家园联系栏也布置得有声有色的。

家园口窗

魔小怪养成园地

○ 墙面

当然，过道的墙面也被布置得精彩纷呈。

材料墙

远远望去是一幅大型的拼贴画，近看居然发现是各种废旧材料（如：瓶盖、清洁球、搓澡巾、烟盒、纸筒、纸杯、磁盘、海绵、雪花片等）的大集合。

材料墙

波点世界

奇妙波点世界

波点不仅仅是大师的专属，幼儿自己也能打造出自己的五彩波点世界。

炫目线条墙

红色直线线条和曲线线条的完美搭配，设计感十足。

炫目线条墙

机械世界

我们又来到了机械世界。这些造型各异的机器人也体现了幼儿的无限创意。

机械世界

二楼拐角处有一处展示幼儿作品的展示架和提供给大家休息的长椅。

是不是觉得这样的展示架似曾相识呢？原来这个柜子的设计借鉴了荷兰画家、抽象风格派最核心的人物蒙德里安的作品风格。他崇拜直线美，主张透过直角可以静观万物内部的安宁。

陈列空间

○ 总体介绍

教室是幼儿日常的主要活动场地。在这里，教师为他们提供了异常丰富的颜料和工具，幼儿可以尽情地玩色彩。

教室美工区

丰富的材料

这有白色的 T 恤和五颜六色的画笔，幼儿可以随心所欲地设计属于自己的 T 恤。

用色彩设计
自己的个性T恤

为陶泥造型上色

在教室里，幼儿也可以进行陶泥制作，图上的幼儿正在为自己的作品上色。

画梅花的简单方法

矿泉水瓶居然也有大用处。在底座处蘸点颜料，在梅花枝上一压，一朵朵梅花就盛开了。

只有笔才能画画
吗？当然不是。这里
的幼儿用刷子也可以
创作。

画老师

用刷子也可以
玩颜料

桌子不够用没关系。
幼儿正聚精会神地趴着创
作。

趴八着创作

教师也可以成
为幼儿的模特，看
看幼儿画笔下的你
是什么样子的。

○ 教室美工区里的各种创意玩法

个性二维码

·玩法

模板

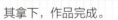

1. 在二维码模板上自由设计二维码。
2. 选择喜欢的颜料涂刷二维码。
3. 取一张正方形卡纸，在模板上轻
压均匀并取下，盖上自己的生肖印章。

假山化化化

材料

·玩法

1. 在 KT 板上根据自己的
喜好，将棉签插成各种形
状。
2. 将餐巾纸盖在棉签上。
3. 用滴管吸取颜料并滴在餐巾纸上，待餐巾纸晾干后将
其拿下，作品完成。

插入棉签

将二维码
印在卡纸上

完成的作品

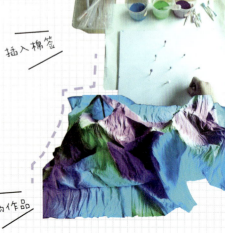

完成的作品

梦幻纸艺

材料

• 玩法

1. 根据作品紧密度，选择粗细不同的卷纸棒，将纸条卷起来。

2. 将卷起来的纸条做成各种形状（如：圆形、椭圆形、泪滴形等）。

3. 将卷成各种形状的纸条组合成不同的图案并粘贴在底板上，完成一幅小作品。

完成的作品

卷纸条

材料

魔幻印章

• 玩法

1. 手握"印章"（光盘）的塑料把手，用毛笔自主蘸取颜料，将"印章"的光面涂满。

2. 用棉签在颜料上自主作画。

3. 将"印章"印在铅画纸上，一幅"印章"画就完成了。

完成的作品

七彩蜡烛

• 玩法

1. 将蜡烛芯插入底座的圆孔内，并固定在模具底部。

2. 将液体果冻蜡或珍珠蜡分层倒入模具中。

3. 最上层为果冻蜡，用以固定珍珠蜡。

4. 静待数秒，待果冻蜡凝固，作品完成。

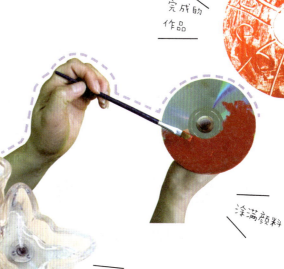

材料

涂满颜料

完成的作品

奇妙线世界

· 玩法 1：快乐印画（单人组）

1. 自主选取棉线，随机缠绕在积木或硬纸盒上。

2. 用积木或硬纸盒蘸取浸有颜料的海绵，让棉线充分印染。

3. 运用积木或硬纸盒在铅画纸上随机印画，作品完成。

完成的作品

印在铅画纸上

材料

· 玩法 2：动力滚画（单人或多人组）

1. 自主选取棉线，将棉线随机缠绕在擀面杖上。

2. 用小刷子蘸取颜料刷在棉线上，让棉线充分染色。

3. 用擀面杖在铅画纸上按一定方向随机滚画，作品完成。

滚动擀面杖

完成的作品

完成的作品

热带雨林

· 玩法

1. 幼儿两两合作，在笔刷上蘸颜料，然后前后拉扯拉绳。

2. 继续合作拉扯拉绳，创作树林中的树叶。

3. 在蘸好颜料的铅画纸上进行想象创作。

材料

两两合作

材料

洒水车（瓶管玩色）

· 玩法

1. 在游戏情景中，自主选择装有颜料的尖嘴瓶，并将颜料涂抹在不织布上。

2. 用炫彩棒在涂有颜料的不织布上创意添画。

完成的作品

涂抹颜料

色彩变幻

· 玩法

1. 根据喜好选择模板，制作 pH 小花。

2. 选择液体滴在花瓣上，观察小花的色彩变化，判断 pH 酸碱值。

观察颜色变化

材料

色彩云朵

· 玩法

1. 往玻璃瓶中塞入适量棉花。

2. 根据喜好将调好的颜料水慢慢倒入玻璃瓶中（一定高度）。

3. 再继续塞入棉花，倒入颜料水，盖上瓶盖，作品完成。

材料

完成的作品

材料

倒入颜料水

五彩陀螺

· 玩法

1. 手拿自制陀螺，自主蘸取颜料。

2. 将陀螺放在铅画纸上旋转。

3. 用蜡笔进行想象添画。

旋转陀螺

完成的作品

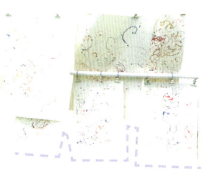

叶脉书签（沙画）

• 玩法 1：染色沙画

1. 用毛笔蘸上白胶并将其均匀涂抹在叶脉上。

2. 选择一种或者多种颜料，用毛笔进行上色。选择一种或者多种颜色的沙瓶，将彩沙喷洒在叶脉上。

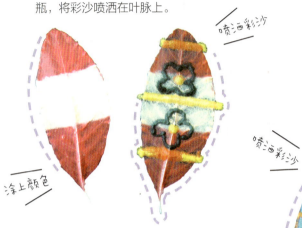

喷洒彩沙

涂上颜色

• 玩法 2：叶脉拓印

1. 将白胶均匀涂抹在叶脉上。

2. 选择多种颜料对叶脉进行上色。

3. 选择多种颜色的沙瓶，将彩沙喷洒在叶脉上。

4. 将铅画纸覆盖在叶脉上，进行叶脉拓印画的创作。

喷洒彩沙

• 玩法 3：叶脉书签

1. 将白胶均匀涂抹在叶脉上。

2. 用沙瓶喷洒彩沙，可喷洒成民族、欧式、波西米亚等风格的图案（线条、点状、块状）。

3. 可酌量控制彩沙的喷洒面积，做成半透明的或全覆盖式的叶脉书签。

涂上白胶

拓印

喷洒彩沙

作品

印象水墨

• 玩法

1. 用滴管吸取墨水并将其滴入水中。

2. 将铅画纸轻轻放入水中，轻压纸角，使铅画纸完全漂浮在水面上。

3. 轻轻提起画纸，将其夹在作品架上晾干。

材料

滴入墨水

完成的作品

创意美术活动室

打开门，迎面看到的就是玻璃窗上幼儿留下的作品和窗台下特别的创作工具。据教师介绍，这是特别定制的创作工具。

在满是波点的过道中，有一扇奇特的门吸引了我们的注意，忍不住打开一看，原来这里是幼儿园的创意美术活动室。

奇特的门

玻璃窗上的作品

特别的创作工具

这些作品是怎么创作的呢？这些工具是怎么玩的呢？让幼儿来为我们演示一下吧！

真好玩！

新奇的玩法

悬挂的风景

幼儿完成的作品会被悬挂在天花板上，成为活动室内的装饰。

除了这些，创意美术活动室里还有一块可以移动的画布。画布像窗帘一样可以被缓缓地放下来或者升上去，只要提供足够长的画布，幼儿就可以完成一幅鸿篇巨制。

可移动的画布

让人意想不到的是，吸水性强的纸尿裤摇身一变，居然也可以变成吊饰。所以纸尿裤其实是用错了地方的装饰品？

纸尿裤大变身

户外

户外有机玻璃墙

幼儿园的教师们在设计这堵玻璃墙时考虑得非常周到。为了便于今后清理，教师在玻璃墙的上方安装了可以出水的水管，在下方安装了接水的水槽，只要一打开开关，水管中的水就会流出来将玻璃墙上的颜料冲刷得干干净净。保育员再也不用担心幼儿将颜料玩得到处都是了。通过这样巧妙的设计，幼儿获得了一方涂鸦小天地。

首先，幼儿在涂鸦墙上自由涂出色块。然后寻找色块中隐藏的小动物，勾画线条。最后为小动物添画眼睛、鼻子、嘴巴，并为其画出身上的花纹。

水管

玻璃涂鸦墙

遮阳伞

户外区域为幼儿提供了宽敞的创作空间，幼儿在这里可以进行遮阳伞的设计与制作活动。幼儿可以选择自己喜欢的色彩及涂刷工具在伞上进行色彩涂鸦，还可以寻找其中的色块进行创意添画。

水槽

创作遮阳伞

○ 七彩车轮

在户外，幼儿玩色彩可以玩出更多的花样，原来作品还可以"滚"出来。不设限的创作方式激发了幼儿更多的精彩创意。

用车轮画

点缀一下

○ 炫彩泡泡

玩色彩不一定非要用颜料，色彩也可以是吹出来的。在这里，幼儿体验了一把光与色的梦幻交织。泡泡虽然会破灭，但是在幼儿心里闪过的艺术之光可能也是一束星星之火。

炫彩泡泡

色彩嘉年华

家园合作

幼儿园的园所特色打造与家长的支持和参与息息相关。幼儿园每年都会举办几次特别的亲子活动，其中的色彩嘉年华活动成为了幼儿园的重要年度活动。

○ 亲子时装秀

运用废旧材料制作的衣服，是不是很时尚呢？这都是家长和幼儿一同设计的。这样的时装秀活动既发展了幼儿的创造力，又树立了他们的环保理念。

亲子时装秀

○ 家园点亮温馨色彩

刚才参观的波点走廊是如何创作的呢？这么多波点是谁贴的呢？当然是发动家长一起完成的。

天花板上也贴些。

一起贴波点

○ 亲子玩色，点缀童梦

幼儿园邀请家长参与到活动中，跟幼儿共同创作作品，通过玩色活动凝聚家庭的温情。

爸爸，你说贴这里好吗？

一起创作

○ 社区联动，传递色彩

幼儿园还经常带领幼儿深入周边的社区，将幼儿的作品悬挂在社区宣传栏里，这样既美化了社区的环境，又为幼儿提供了一个展示的窗口，从而激发他们的自信心和自豪感。

装饰社区

问： 作为一所公办的幼儿园，如何在课程规划中以上海本地的统一性课程为基础打造园所的美术特色？

答： 景谷第二幼儿园是上海市一级幼儿园，属于公办园，实施的是上海市统一的二期课改课程。幼儿园的美术特色课程，与上海市规定的基础性课程相互融合，并在牢牢把握基础课程核心经验的前提下，结合美术活动的"感受与欣赏"、"表达与创造"的独特的表现形式，在每个年龄段的每个主题下，都创设了美术特色微课程模块。每个微型课程模块下的各个内容要点都有相应的说明，能使教师在设计提问及归纳小结时更有方向。

以中班"周围的人"为例：我们在教材涉及的"建筑工人、小区居民、送货员、保卫我们的人"之外，又生成了"建筑师、小厨师、育婴师、造型师"这四个微课程板块。这里列举其中三个板块的内容要点和说明。

特色园所打造二三问

建筑师内容要点和说明

模块名称	核心素养	内容要点	文字说明	实施建议
建筑师	感受与欣赏	上海石库门	体现具有上海地方风格的石库门建筑。幼儿运用黑、白、灰的色彩来表现老房子	1.教师可以利用照片、图片、视频等，让幼儿在观察、欣赏中，感受具有上海特色的建筑造型
		金山农民画	了解具有上海特色的金山农民画。在运用大块面的色彩过程中，让幼儿感受纯色与撞色的冲击	
	表达与创造	粉刷小匠	细致观察房子的屋顶、窗户、墙壁等细节，可以运用各种绘画材料，有创意地表现建筑的局部特征（外形、色彩）	2.幼儿通过创作来表现色彩的美，能从作品中体现黑、白、灰，能运用鲜明的对比色进行绘画创作
		立体装置	1.利用各种废旧的物品，通过粘贴、拼搭等方式来构建各种造型的房子 2.利用生活中色彩丰富的废旧材料，有目的地构建房屋色彩	

小厨师内容要点和说明

模块名称	核心素养	内容要点	文字说明	实施建议
小厨师	感受与欣赏	拼盘艺术	为彰显食物的色、形而制作的拼盘也是一种美	1. 教师可以利用照片、图片、实物等，让幼儿在观察欣赏中，感受物体在色彩、造型上的特点
		厨具花纹	古今中外的厨具、餐具上有各种各样的奇特花纹	
		名画欣赏	在各类关于厨具的绘画作品中，巧妙表现出了厨具的色彩明暗和形态的美	
	表达与创造	蔬菜造型	蔬菜的色彩、形状、横截面都可以带给幼儿想象的空间	2. 幼儿创作表现所用的材料尽可能是生活中常见的，让幼儿利用材料本身的特点，创造性地表现出色彩的美、形态的奇
		多彩厨具	利用各种材料、色彩，将厨房用品变得有生机而又灵动起来	

造型师内容要点和说明

模块名称	核心素养	内容要点	文字说明	实施建议
造型师	感受与欣赏	巧用化妆品	利用眼影、粉底、口红、眼线笔等化妆品的特殊色彩进行表现，将其涂抹在纸张或立体装置上；灵活使用眼影刷、腮红刷、粉扑、化妆棉等工具进行创意玩色	1. 教师可以通过特效化妆节目视频、人体彩绘图片等激发幼儿对装扮的兴趣，了解化妆大师的配色方法，学习使用多种色彩进行渐变或晕染的方法
		人体彩绘	使用油彩、炫彩棒对脸部或手部进行色彩涂鸦；对五官及手部的形状产生联想，画出具有明显物体特征指向的图案	
	表达与创造	奇装艺展	使用生活中常见的废弃材料（如：易拉罐、纸盘、纸筒、光盘、薯片罐、纸箱等），制作立体衣；幼儿愿意说说，自己是如何利用材料本身的色彩进行排序、搭配的	2. 幼儿与家长共同发掘不同色彩的废旧材料，有针对性地收集同种色材料、对比色材料、相近色材料等
		酷炫造型	通过上色、粘贴、泥塑等方法对现成的头饰、服装、装饰物进行改造；幼儿能够大胆用色、灵活配色	

每个模块中都有实施建议，该内容是指导教师顺利开展该教学活动的设计初衷。微课程中的组织实施途径与时机，都有较详细的记录和指导，这是为了帮助新教师在备课时，能有更加充分的准备，能在教学时更加从容。

Q & A

问：幼儿园是否有相应的教研机制来保证园所特色课程的顺利实现？

答：（1）幼儿园教科研人员联手共同打造特色课程，以幼儿园特色课程为引领，每个教研组都有相对应的小课题研究。

（2）大教研、小教研、美术组三足鼎立：大教研理论引领，小教研操作实践，美术组汇编整理。通过多年的努力，幼儿园已经形成了自己的原创美术课程教材，课程从室内到户外，并不断丰富着课程实施载体，活动室活动、个别化学习活动、色彩嘉年华特色活动等都成为了幼儿快乐玩色彩的项目。

写在结尾

景谷第二幼儿园将他们的美术特色课程命名为"快乐玩色彩"，这也是对幼儿园 20 年艺术课程探索的一个阶段性的总结。幼儿生长在一个五彩缤纷的世界中，"快乐玩色彩"就是要让幼儿在游戏中，在真实的生活中，在与同伴、教师、家人的陪伴中尽显童真天性，感知色彩奥秘，释放创造激情。这也是幼儿园在长期的探索中，找到的一个能够更加精准落实教育目标的特色课程，最终目的不是追求课程的别具一格，而是为了培养幼儿的创造潜能，提供终身发展的动力。

作者：颜萍萍　　拍摄：盛俞婷
审稿：颜萍萍
（文中部分图片由幼儿园提供）

扫一扫二维码，观看视频

02 民间游戏 + 传统礼仪，中国文化背景下的幼儿园环境创设可以这样做

START!! 园所简介

特别鸣谢：上海市闵行区常春藤幼儿园

上海市闵行区常春藤幼儿园创办于 2010 年 9 月，是上海市一级幼儿园、上海市优质民办幼儿园。幼儿园注重幼儿礼仪教育，致力于打造以一流的硬件设施、高品质的教学、优质的服务为目标的国际化幼儿园。

总体介绍

这次，我们来到这所隐匿于上海市郊区的幼儿园。幼儿园里充斥着传统礼仪文化的环境元素。当幼儿生活在这样的环境中，中华传统美德便会潜移默化地扎根于幼儿的心中，使他们茁壮成长。

常春藤幼儿园

明亮的大厅

○ 大厅

走进幼儿园，映入眼帘的是一组文明礼貌用语的动物标识。

文明礼貌用语标识

宽敞明亮的大厅让人看了十分舒心。

○ 走廊

走廊里堆放着整齐的教玩具材料，便于幼儿拿取。另外，这里还贴有文明游戏规范，提醒幼儿要礼貌待客、友好合作、排队游戏。

堆放整齐的教玩具

既环保，又有创意！

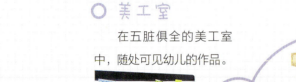

○ 美工室

在五脏俱全的美工室中，随处可见幼儿的作品。

美工室

○ 天花板

利用废旧材料做成的飞行器科技感十足。

○ 阅读区

温馨舒适的阅读区（软垫、竹椅、沙发和明亮的灯光等），是幼儿读书的好去处。

阅读区

猜猜我们是用什么做的呢？

天花板

传统文化环境的打造

○ 吊饰

幼儿园的走廊上悬挂了很多关于传统节日的吊饰，以此引导幼儿了解中国的传统节日及相关习俗。

元宵节
正月十五
吃汤圆
赏花灯 舞龙 逛庙会

元宵节 正月十五

元宵节

清明节
阳历四月
扫墓
踏青 吃青团

清明节 阳历四月

清明节

端午节
农历五月初五
戴香包
吃粽子 赛龙舟

端午节 农历五月初五

端午节

重阳节
农历九月初九
吃重阳糕
登高

重阳节 农历九月初九

重阳节

中秋节
农历八月十五
赏月 吃月饼
吃芋艿 吃螃蟹

中秋节 农历八月十五

中秋节

中秋快乐

○ 知识板

说到传统文化，怎能漏掉与幼儿日常生活相关的十二生肖呢！

十二生肖知识板（部分）

传统弄堂游戏

了解当地的传统特色文化也是了解传统文化的重要组成部分。我们童年玩的那些好玩的弄堂游戏也出现在了幼儿园里。

弄堂游戏（1）

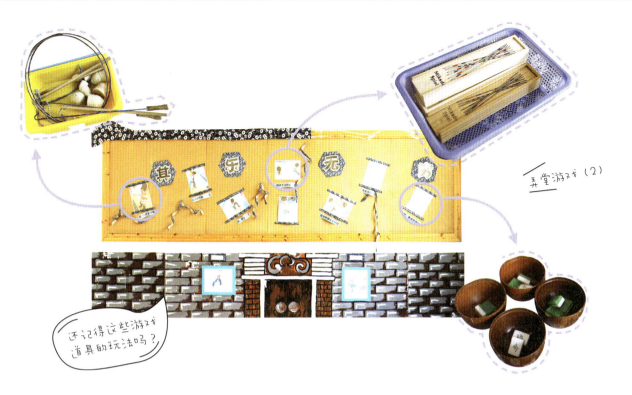

弄堂游戏（2）

还记得这些游戏道具的玩法吗？

与礼仪相关的环境创设

○ 教室

在教室里，随处可见与礼仪相关的环境布置，这些卡通形象能让幼儿更容易记忆。

用餐礼仪

○ 主题墙

这面是礼仪主题墙，没有大段的规范文字，取而代之的是幼儿自己绘制的礼仪图画，表现了幼儿对文明礼仪的理解。

主题墙

这里同样以漫画的形式展现了幼儿用餐时的礼仪规范以及运动回来后的注意事项，简单又形象。

运动回来后的注意事项

○ 楼梯间

楼梯间的墙壁上张贴着幼儿自己拍摄的礼仪照片,幼儿称它为"礼仪的小火车"。

礼仪的小火车

○ 走廊

穿过走廊,随处可见各类礼貌用语的标识。

墙壁上的小插画

在幼儿园走廊的墙面上,我们还发现了幼儿与家长一起完成的有关《弟子规》的简报。

《弟子规》简报

除了走廊墙壁上的礼仪标识外,天花板上也挂着《三字经》中与礼仪相关的内容。

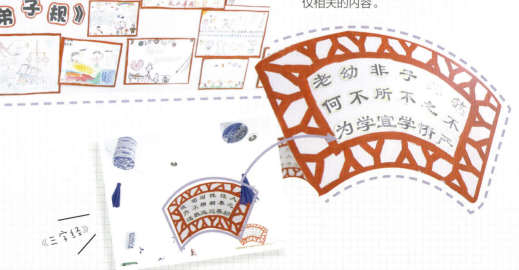
《三字经》

写在结尾

　　随着国外文化的渗入，传统本土文化的教育有时会被我们忽略。而常春藤幼儿园在这方面做足了功课，并且将中华传统礼仪的教育融入了整个教育环境之中。

　　3~6 岁正是幼儿习惯养成的敏感时期，我们要抓住这一时期，让幼儿从小学礼、知礼、懂礼、用礼，这样会对他们今后的生活产生深远的影响。

作者：忻元诚　　拍摄：宋雪珠
审稿：颜萍萍
（文中部分图片由幼儿园提供）

扫一扫二维码，观看视频

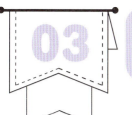

园所简介

START!!!

特别鸣谢：上海市嘉定区中国福利会新城幼儿园

上海市嘉定区中国福利会新城幼儿园是公办园性质的事业单位，创建于 2015 年。园所坐落在充满生机的嘉定新城绿色生活居住区，占地面积约 25 亩，独特的建筑群融合科技环保的建筑理念，使得该园独具魅力。园内绿草如茵，环境优雅。幼儿园旨在为幼儿创造一个愉悦的环境及优秀的学习机会，课程秉承宋庆龄的儿童教育思想"把最宝贵的东西给予儿童"，培养幼儿具有"健康的身心、活跃的思维、好学的态度、宽阔的胸襟、开拓的视野、文明的行为习惯"。

户外环境

○ 操场

一跨进中国福利会新城幼儿园，就能看见蓝天白云下的宋庆龄像，感受到宽广的操场、一望无际的草地，以及那令人心旷神怡的人文景观所带来的愉悦。

宋庆龄像

操场

露台上的草地

除了偌大的操场以外，在二楼和三楼的露台上也都有草地，幼儿的户外活动空间切切实实得到了保证。

我们在这里又发现了一片新天地。据园长介绍，在有班级需要隔离的情况下，被隔离的班级也可以在这片小天地里进行户外活动。

另一处小天地

○ 户外种植区

　　每个班级的户外种植区都别具特色。例如：有些教师将快要枯萎的花花草草放到植物医院，让幼儿进行观察，让他们尝试找出植物"生病"的原因，让幼儿掌握简单的养护花草的方法；有些班级的教师将植物放在外面，鼓励幼儿发现植物生长的过程和形态的变化，并进行简单的记录。此外，教师还会用心思考呈现这些植物的方式，例如，利用白色栅栏、木架、小巧精致的花盆，甚至是别具匠心的轮胎花盆将这些植物呈现出来，在自然角打造出美感。

室内环境

丰富的吊饰

◯ 走廊

　　中国福利会新城幼儿园的走廊很宽阔，但是一点儿都不单调。走廊的墙面被刷上了缤纷的图案，走廊顶部和墙壁上悬挂着丰富的吊饰。

　　走廊四周的墙面靠近地面的部分是幼儿视线所及的，因此教师在进行环境创设时也在墙面的下半部分投放了丰富的材料。

丰富的材料

雨具

幼儿选出的"小明星"

每当进入雨季，教师就会让幼儿将雨具带来，以便幼儿玩水。

幼儿可以在这里对自己和小伙伴进行评价，选出各种"小明星"。

小窗

各种水枪

走廊里的小窗

非洲印象墙

这里的幼儿是幸福的，从幼儿园设计的方方面面都能看出来。瞧，走廊里的那些专门为幼儿开的小窗，让他们也能看到外面的世界，同时又能确保安全。

这面充满设计感的非洲印象墙，包括了平面、立体、具象、抽象和手绘等要素，充满着热带风情。

新奇的挂饰

咦？这里有个洞，可以看到外面！

我们回来啦！

别有洞天

当我们抬头看挂饰的时候又发现了"新大陆"，蝴蝶、瓢虫、蜜蜂和刚从南方飞回来的燕子在绿色的藤蔓间来回穿梭，再加上从天窗照射进来的阳光，一幅春意盎然、鸟语花香的景象。

○ 教室

墙面

走进幼儿园的教室，迎面看到的就是青草绿的墙面配以木色为主的装饰，让人感到一种走进大自然的温馨。教室的墙面上还布置了很多别出心裁的墙面环境。

教室墙面

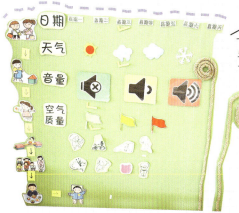

一日活动安排表

心情墙

这里是心情墙，它可以让教师及时掌握幼儿当天的情绪状态，从而进行适当引导和关注，帮助幼儿正确认识自己的情绪和情感。

这是一张全面的幼儿园一日活动安排表，用的都是幼儿一看就懂的图标。

自制相框

来园　运动

时间表

午餐

回家

这是用环保材料自制的相框，里面放着的是相亲相爱的"一家人"。

这是塑封过的时间表，它既可以帮助幼儿了解一日生活中的各个环节，也能让他们潜移默化地认识时钟。

我是小小
值日生

多喝水，身体棒！

喝水记录墙

通过这样的墙面环境，教师一眼就可以看出幼儿一天喝了多少水。

可爱生日墙

HAPPY BIRTHDAY
生 日 快 乐

生日墙上记录着班上每个幼儿的生日月份。每个月份都以一种海洋生物来表示。

教师洗手间

每间教室还贴心地配置了教师的专用洗手间。所谓人性化，不仅仅是考虑幼儿，教师的需求也很重要。

有用的小贴纸

用心的小设计无处不在，比如各种有用的小贴纸。

○ 礼堂

这个礼堂能容纳所有的幼儿，舞台宽敞，灯光、音响齐全。宽敞的空间还能作为幼儿室内运动的场地，就算是下雨天、雾霾天也不怕。

礼堂中的建构材料

宽敞的礼堂

礼堂中的运动器械

小厨房

○ 特色活动室

在幼儿园拍摄的时候，我们恰好遇上了小班幼儿的走班活动，大家会来到不同的活动室，选择自己想要参加的活动。虽然还是小班，但幼儿可一点都不显稚嫩，像小大人一般，跟着不同的教师，去往不同的地方。

小厨房

在这里，幼儿可以学习厨艺，体验自己动手制作美食的乐趣，还能品尝自己的劳动成果。

看我是用什么做的？

另外，每个活动室的钟都长得不太一样。瞧，这款钟就和这间活动室的功能有着千丝万缕的关系。

在教师的帮助下，大家一个个都穿上了可爱的小围裙，戴上了厨师帽，一下子就变成了真正的小厨师啦！

穿上围裙

戴上帽子

今天要做的是奶香紫薯泥。虽然还是小班，但是小厨师们学起本领来可认真了。

哇，好期待！

① 将紫薯的外皮剥下。

我要把皮剥干净。

好像还不行，我要再滚几下。

压压压！

② 用擀面杖将紫薯擀碎成泥状。

· 39 ·

奶香紫薯泥做好了，大家都喜滋滋地品尝自己的劳动成果，自己动手制作的美食仿佛格外香甜。

我开始搅喽！

老师，再给我来一碗吧！

3 加入牛奶，搅拌均匀。

好好吃，我吃了两碗！

活动结束后，幼儿自己把围裙挂好，
从小班起就要培养幼儿自我服务的意识。

自己挂围裙

创意美术区

这里的创意美术区给人的最大感受就是空间足够大，幼儿和教师都不用担心地方不够，能够放心地摊开做美工。

大空间

小黑板

找一找，这里有哪些废旧材料呢？

用废旧材料制作的作品

这里的小黑板是供幼儿创作粉笔画的。这样一支小小的粉笔，能把幼儿的世界装扮得五彩斑斓。

这么可爱、俏皮的作品居然都是运用废旧材料制作的，有卷筒纸芯、废纸箱、纸袋、矿泉水瓶……找找这里还有哪些废旧材料呢？

除了艺术创作，动手能力也很重要。大班幼儿可以在这些木工桌上当一回真正的小木工。

木工区

这里是沙画区，幼儿可以在这里的桌子上自由创作沙画。

沙画区

这些是"未完成作品"展示架。幼儿可以将自己没有完成的作品放在这里，下次再继续创作。

"未完成作品"
展示架

我学会
揉圆球啦！

这里是轻黏土区。教师正在讲解将黏土揉圆的技巧，幼儿听得可认真了。

完成的黏土作品

揉圆圆

这组幼儿正在创作水果印画，就是用水果来拓印作画。

小班幼儿剪刀用得很棒哦！

① 先将彩纸剪成正方形。

不会剪，别着急，老师马上来帮忙。

② 了解各种水果的截面。

香蕉的截面

橙子的截面

没想到水果的截面是这样的。

更没想到这些切开的水果还可以变成画画的工具。

③ 利用水果截面进行拓印创作。

用水果拓印

我选哪个呢？

好吧，那我们就来探索一下。

除了拓印水果之外，
当然还能把自己喜欢
的水果画下来。

猜猜我画的
是什么？

我们还可以
画水果宝宝。

画水果

音乐体验室

在走廊里，我们正好巧遇了排队前往音乐体验室的教师和
幼儿，他们满面笑容地和我们点头示意，有礼貌地同我们打招呼，
于是我们决定跟随他们去看一下音乐体验室。

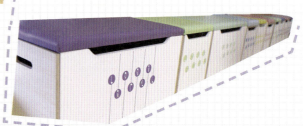

好多小乐器

音乐体验室内整齐
地摆放着各类小乐器。

感受节奏的活动开始了！教师用极富感染力和表现力的语言，引导幼儿用游戏的形式来感受节奏，幼儿沉浸在体验演奏的乐趣中。

感受节奏活动

建构室

在位于幼儿园三楼的建构室内，摆放着各类建构材料。这些材料都贴着清晰的分类标签，可以指导幼儿收纳玩好的建构材料。

摆放整齐的建构材料

专注地搭积木

幼儿在这里可以随意选择自己喜欢的建构材料进行拼搭，比如雪花积木、扭扭棒、乐高积木、其他材质的大型积木等。

大舞台

这里是供幼儿表演的大舞台区域。在大舞台的背后可是别有洞天。从舞台边上的门进去就能来到一个排练的好地方。我们这次来就遇上了这些跳舞跳得正高兴的幼儿。

大舞台

边上的小门

排练舞蹈

感受节奏

奖励幼儿

在教师的带领下，
一起来感受节奏吧！

教师给跳得最卖力的幼儿一张小贴纸作为奖励。

轮滑活动室和游泳馆

轮滑和游泳可都是这里幼儿的"必修课"。

轮滑活动室

游泳馆

阅览室

幼儿园里的阅览室不仅支持幼儿平时的阅读，教师还定期组织家长来这里给幼儿做晨读，这种做法不仅增进了家长和幼儿的亲子关系，还有效地促进了家园的合作。

阅览室

看，我背后可是暗藏玄机的哦！

小朋友最喜欢我啦！

为了给幼儿提供舒适的阅读环境，就连阅览室座椅都是各式各样的。幼儿可以选择自己最喜欢的一款座椅，舒舒服服地体验阅读时光。

还有舒服的靠垫

弧形卡座

阅读架边的座椅

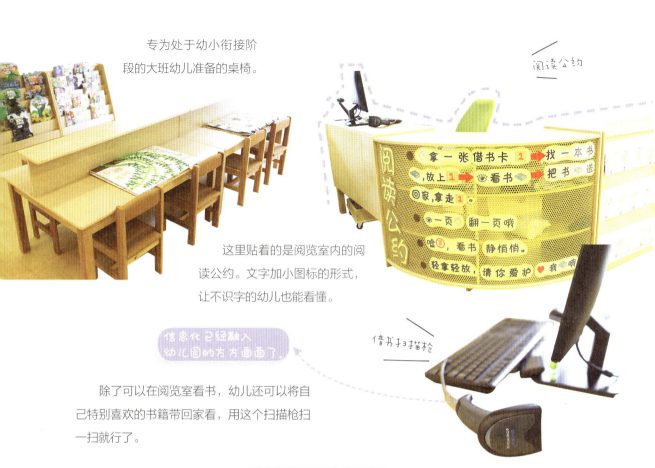

专为处于幼小衔接阶段的大班幼儿准备的桌椅。

阅读公约

这里贴着的是阅览室内的阅读公约。文字加小图标的形式，让不识字的幼儿也能看懂。

借书扫描枪

信息化已经融入幼儿园的方方面面了

除了可以在阅览室看书，幼儿还可以将自己特别喜欢的书籍带回家看，用这个扫描枪扫一扫就行了。

拿一张借书卡 1 ➡ 找 一本书
放上 1 ➡ 看 书 ➡ 把 书 送
回家，拿走 1
一 页 翻 一页 哦
嘘②，看书 静悄悄
轻拿 轻放，请你爱护♥我哦

写在结尾

特别羡慕这里的幼儿。
他们的幸福可能很简单，
可以听风，可以淋雨，
可以获得教师充满爱意的拥抱，
可以选择自己想进行的活动，
可以尽情享受和自然接触的时光，
可以在宽阔的场地上肆意地奔跑，
可以发自内心地欢笑嬉戏……

作者：宋雪珠　　拍摄：宋雪珠、沈景怡
审稿：颜萍萍
（文中部分图片由幼儿园提供）

扫一扫二维码，观看视频

START!

园所简介

特别鸣谢：上海市浦东新区南门幼儿园

上海市浦东新区南门幼儿园创建于1982年，是上海市示范性幼儿园。幼儿园秉承着创造一个属于儿童的世界的办园理念，以满足儿童发展需要，支持儿童多元选择作为课程的核心价值，最终目的是培养会关心、爱运动、乐探索、擅表达的身心健康的儿童。幼儿园曾先后荣获上海市文明单位、上海市办园成绩显著幼儿园、上海市"三八"红旗集体、上海市优秀家长学校、上海市优秀教研组等诸多市、区级荣誉。

在南门幼儿园，教师为了让幼儿能充分发挥想象力而设计的玩教具，真是让人感叹创意之绝妙。下面我们就一起走进南门幼儿园，一起来看一下教师与幼儿共同创造的"脑洞世界"吧！

角色游戏区

每个幼儿都是天生的演员，他们会借助各种替代物来制作与自己扮演的角色特征相符的道具，所以教师为幼儿提供的道具都是简单且易获得的。

○ 装扮道具

绒线帽、眼镜、鞋盒……这些道具能扮演什么角色呢？

滑雪装扮道具

正确答案是滑雪者。幼儿戴上毛绒绒的帽子、帅气的墨镜，穿上滑雪服，踏在"滑雪板"上，手握"滑雪杆"，好似真的在滑雪。

饼干盒盖、塑料管、帽子、眼罩……这些是用来扮演什么的呢?

正确答案是海盗。幼儿经装扮成海盗的样子,驾驶自己的"海盗船"玩起了海盗游戏。

用来扮演"海盗"的道具

用 PVC 管简单搭建的车身和用塑料桶制作的后备厢,就可以变成幼儿最喜欢的角色游戏道具——"小警车"。

还有警车牌照呢!

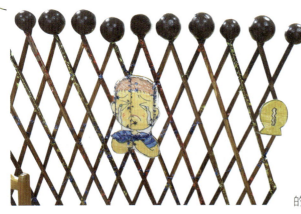

幼儿创设的"监狱"

"警察"和"警车"

有了"警车",当然也少不了"监狱"。手绘的犯人形象、手绘的钥匙孔、木质栅栏等,这些道具组合起来就可以创设出一个"监狱"的环境,是不是很逼真?为了防止"犯人"逃跑,幼儿和教师还商量着在"监狱"的围墙上装上蓝色丝绒绳,这样就增加了一层"防护电网"。

在另一边,一对姐妹花正在为即将到来的演出精心装扮。

"婚礼"进行中

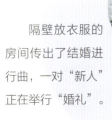

隔壁放衣服的房间传出了结婚进行曲,一对"新人"正在举行"婚礼"。

正在打扮的姐妹花

这名幼儿穿着黄色的背心，系着绿色的腰带，原来扮演的是葫芦娃中的三娃。葫芦娃七兄弟可以让幼儿从周一到周日扮演不重样。

有了"葫芦娃"怎么能没有"葫芦山"呢？这是用纸箱制作的"七彩葫芦山"。

这位是小小"安检员"，为了保证大家的安全，他正在检查箱子里有没有什么"违禁物品"。

"葫芦娃"

"七彩葫芦山"

小小"安检员"

让我仔细检查一下。

○ 食物

在角色游戏中，随着幼儿游戏水平的提升，他们逐渐会出现替代行为，即幼儿会将一些材料用以替代他们想要的物品。以小吃店中的食物为例，一起来看看幼儿在游戏中，都用了哪些材料来代替食物呢？

彩色纸团 + 塑料纸

自制"爆米花"

自制"棒棒糖"

自制"薯条"

扭扭棒 + 吸管

黄色吸管

自制"冰激凌"

晾衣服夹子 + 彩色小球

当看到这个白色的圆形物体时，我们天真地询问看管小吃店的幼儿："这个一定是馒头，对吧？"幼儿看了我们一眼说："馒头？馒头怎么可能是紫色的呢？"原来这是"紫薯"。

自制"紫薯"

泡沫塑料 + 紫色颜料

老板，这个怎么卖？

幼儿在小吃店里，正津津有味地品尝着自制的"美食"呢！

○ 家居用品

除了食物以外，家居用品也能用其他材料来替代。在蛋糕托盘上戳一些小洞就变成"花洒"了；纸箱和木板组合起来就变成了"马桶"；水桶、水管和圆形塑料盖组装起来就变成"浴霸"了。

自制"花洒"

自制"马桶"

自制"浴霸"

○ 乐器

乐器是不是也能用其他材料代替呢？平时用来晾衣服的塑料大夹子摇身一变，变成了电子琴的"琴键"；饼干盒加上条形硬板纸变成了"电吉他"，幼儿还在上面画上了"琴弦"。

自制"吉他"

自制"电子琴"

接着，我们来到了大班，幼儿正在玩区角游戏。这里的游戏可不只是捉迷藏、找朋友、扔沙包。教师为了发展幼儿各方面的能力，使出浑身解数设计了许多好玩的玩教具。所以，有句话说得不错：每个尽兴游戏的幼儿背后，都有着苦心设计玩教具的教师。

自制保龄球

○ 自制保龄球

• 材料

饮料瓶子、大灰狼贴纸、小号铁罐。

• 活动目标

锻炼幼儿的手眼协调能力。

• 玩法

1. 利用纸盒制作进球框。

2. 在进球框处放置几个直立的饮料瓶子，将其作为球瓶，并在这些瓶子上贴上大灰狼的头饰，营造一种消灭大灰狼的游戏情境。

3. 把小号铁罐当作保龄球。

光影城堡

○ 光影城堡

• 材料

白布、积木、手电筒。

• 活动目标

让幼儿在探究中了解光的直线传播现象。

• 玩法

1. 设置一块白色的幕布。

2. 利用积木随意搭建一些城堡建筑的造型。

3. 离开积木一定的距离，并在其正前方的位置打开手电筒。

4. 打开手电筒之后，光线在白色的幕布上投下了城堡的影子。

5. 调整手电筒照射的角度或者积木的位置，观看白色幕布上影子的变化。

6. 为了增加游戏的趣味性，教师还可以适当投放彩色的玻璃，让幼儿观察穿过彩色玻璃的光线投射到白色幕布上的影子是什么样子的。

○ 寻找消失的另一半

• 材料

卡纸、画笔、塑封纸、镜子。

• 活动目标

让幼儿在探究中了解物体和镜面中的物体是
对称的这一现象，即光的反射现象。

• 玩法

1. 在卡纸上任意画出一种物体的一半，并用塑封纸
塑封。

2. 将塑封好的图案放到镜子前，观察所看到的现象。

3.180 度慢慢旋转图案，观察镜子中图案的变化。

寻找消失的另一半

建构城堡

用一次性
纸杯搭建

○ 愤怒的小鸟

• 材料

塑料勺子、橡皮筋、长方形木块、小纸球。

• 活动目标

让幼儿在操作中初步了解什么是作用力与反作用力。

• 玩法

1. 用橡皮筋将塑料勺子绑在长方形木块上，勺头翘起。

2. 将小纸球放进勺头的凹陷部位，用手掌快速且用力地拍压勺尾，
纸球会像炮弹一样飞出去。

3. 可以在小纸球飞落位置的附近放置一个目标对象，纸球成功落
到目标对象中即为胜利。

○ 建构城堡

• 材料

椰奶罐子、KT 板。

• 活动目标

让幼儿感知空间关系。

• 玩法

1.将KT 板裁切成不同的图形，如：正方形、三角形、长方形、
圆形等。

2. 鼓励幼儿利用椰奶罐子和KT 板搭建城堡。

3. 在幼儿搭建的过程中，引导其思考什么结构的城堡最高、
最稳定。

4. 鼓励幼儿思考：如果将搭建材料换成一次性纸杯，如何
搭得又高又稳？

愤怒的小鸟

水管

○ 墙壁作画

墙壁作画

• **材料**

颜料、画笔。

• **活动目标**

让幼儿喜欢艺术活动并能大胆表现。

• **玩法**

1. 拿起画笔，在瓷砖墙面上的任意位置画画。

2. 墙壁上装有水管，管身有一个个细微的喷水小孔，可以用来清洁墙面，也可以为幼儿的画润色。

写在结尾

　　游戏环境是影响幼儿游戏行为的最直接的因素之一，幼儿可在游戏中不断尝试、发现、练习和表现。幼儿的游戏世界就是一个真正的"小人国"。

　　南门幼儿园最让我们惊艳和感动的地方就是，教师为了满足"小人国"国民游戏的愿望，在创设游戏环境方面的许多良苦用心。

　　在游戏支持和材料的提供上，教师并没有千篇一律地组织"角色游戏一条街"，即小医院、娃娃家、照相馆、餐厅等，而是尊重幼儿的兴趣和需求，创设了许多新颖的角色游戏，如：葫芦娃、滑雪、海盗、毛毛虫的家等。而且，在幼儿游戏的同时，教师在一旁仔细地观察游戏过程中的各种"意外"并记录下来，然后进行评估，目的是为了捕捉这些黄金的教育时机，从而更有效地引导幼儿。

　　这就是我们常说的，幼儿园课程都是以游戏作为切入点来设计的，看似幼儿只是在玩，但他们能在玩中学，获取生活经验，丰富自己的世界观，这便是"润物细无声"的教育。

扫一扫二维码，观看视频

作者：忻元诚　　拍摄：宋雪珠
审稿：颜萍萍
（文中部分图片由幼儿园提供）

05 艺术＋生活＋科学＋建构，这所幼儿园的特色活动室让人一看就会爱上

START!!

园所简介

特别鸣谢：上海市浦东新区冰厂田幼儿园

在冰厂田幼儿园，除了走廊里的体育区域环境让人耳目一新外，园内各个特色活动室也颇具看点。幼儿可以在以艺术、生活、科学、建构为主题的活动室里亲身体验及实践，在玩中学，在自由宽松的环境中得到个性化的发展。

创意美工室

创意美工室内共有 3 个活动室，分别以自然材料、颜料和废旧材料为主题，每个活动室内可容纳一个班的幼儿进行活动。在这里，幼儿可以运用多种表现方式（如：绘画、泥塑、手工制作等）来表达自己的感受和想象，创造属于自己的"艺术品"。

○ 自然材料

平时常见的自然材料（如：蔬菜、水果、树叶等），都可被用作幼儿进行艺术创作的原材料。

这里都有哪些蔬菜呢？

自然材料

○ 颜料

颜料的玩法有很多，比如幼儿可以先用泥塑捏出想要的造型，再用色彩去表现人物。

泥塑+颜料

又如，幼儿可以用颜料在纸上印染出美丽的图案。图片中的蝴蝶、扇子等，就是通过这个方法制作的。

印染的扇子

印染的蝴蝶

精致的小木屋

○ 废旧材料

在活动室内的墙壁、装饰树和柜子上，到处可见幼儿用各种废旧材料做成的艺术品，这里的教师和幼儿真是心灵手巧。

用KT板制作的灯饰

用废旧材料制作的艺术品

在天花板上的那些各不相同的灯饰中，有的是幼儿在KT板上创作的，也有的是用油漆桶做成的。另外，悬挂在树上的小木屋精巧又别致。

普普通通的报纸不仅能用来当悬挂幼儿作品的背景墙，还能起到美化室内环境的作用。

报纸墙

用油漆桶制作的灯饰

丰富的材料

在冰厂田幼儿园里，教师提供的材料多是原始材料。教师充分相信幼儿运用材料的能力，给予他们足够的空间去探索、去创造。

在创意美工室中，几乎每个操作桌上都摆放着丰富多样的材料和工具供幼儿取用。幼儿如果觉得材料不够，还能去柜子上自取，材料旁边都摆放着简单的玩法示例。幼儿可以根据示例玩，也可以尽情发挥想象力和创造力去表现心中所想。

生活体验馆

生活体验馆模拟的是一套"三房两厅一卫一厨一储藏室"的房子，真是有些不可思议。在这里，幼儿可以体验真实的生活场景，整个活动室就是现实版的角色游戏区、升级版的娃娃家。厨房里的锅碗瓢盆都可以直接拿来使用，盥洗室里还悬挂着幼儿刚刚洗完的袜子，储藏室也是幼儿自己整理的。

餐厅

客厅

厨房

锅碗瓢盆

卫生间

男孩房

书房

女孩房

三个房间分别被装饰成粉色的女孩房、蓝色的男孩房，还有一个是男孩和女孩都适用的书房。整个空间宽敞明亮，幼儿可以自由选择自己想玩的区域，自由探索每个房间的每个角落。

科学探索活动室

这里是奇幻的科学世界，"磁铁"、"植物生长"、"万有引力"、"光的反射"……，各种科学奥妙都隐藏在各类生动有趣的材料玩具中。幼儿有着与生俱来的探究热情，他们好奇、好问、活泼好动、充满活力，他们在游戏中探索，他们在生活中发现。

幼儿园中大大小小的科学探索区域分布在各个角落，大概有几十种之多，小中大班的幼儿都能选择与之能力相匹配的游戏。教师告诉我们：当幼儿有了新的探索需求时，他们就会将这里的项目改造升级，设计新的内容以适应幼儿的发展。

○ 手摇发电机

幼儿用力摇发电机的把手就能使电线上的小灯泡亮起来，还能控制不同的电路。

手摇发电机

多米诺骨牌

小班幼儿可以根据图示摆放积木；中班幼儿可以自己设计路线并摆放积木；大班幼儿可以将设计的路线用"图夹文"的方式记录下来并以此摆放积木。

多米诺骨牌

奇幻镜子屋

幼儿在这里可以"悬浮倒立"，可以搭一座小房子，感受空间方位；可以"踩"在房子上，体验"飞檐走壁"。

奇幻镜子屋

走迷宫

走迷宫

幼儿可以尝试走迷宫，试试有多少条路可以走出去。迷宫中设置了镜面，在增加游戏难度的同时，也增添了游戏的趣味性。此外，迷宫的角落里还有不少"惊喜"。

○ 磁铁里的奥秘

幼儿可以试一试哪些物品能被磁铁吸引；找一找身上有哪些东西是磁铁的好朋友；想一想怎样用磁铁工具让小汽车升起来。

磁铁里的奥秘

○ 耳朵传声筒

一名幼儿在管道的一头说话，另一名幼儿在管道的另一头听，听听不同管道传递的声音有什么不同。

耳朵传声筒

○ 夺宝奇兵

这里还有一个关于磁铁的活动。幼儿手拿磁铁，在沙堆里寻找"宝物"，看看有哪些"宝物"能被吸出来。

夺宝奇兵

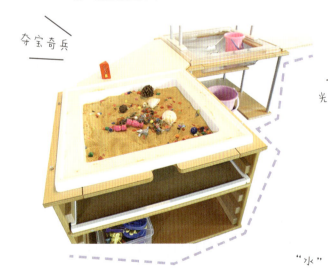

光影魔术

○ 光影魔术

幼儿可以在灯光下观察不同颜色的树叶会有什么变化。

"水"主沉浮

○ "水"主沉浮

幼儿在相同大小的瓶子里装入不同量的水，观察哪些瓶子能浮起来，探讨瓶子中水的多少和浮力的关系。

建构空间

建构乐园

　　幼儿园内部有个大大的旋转楼梯，在它的周围有一大片场地被全部利用起来成为了幼儿的建构乐园。这里有足够多的积木和足够大的空间，可以容纳两个班的幼儿一起玩耍。

天安门

　　这段时间，幼儿园刚好在开展关于各国标志建筑的主题建构活动，天安门、英式建筑、罗马斗兽场等都能在这里找到踪影。

英式建筑

罗马斗兽场

写在结尾

在上册中，我们已经看到了冰厂田幼儿园堪比游乐场的室内活动创意。这次我们又带大家领略了幼儿园别具一格的活动室环境设计创意，真是被教师的智慧所折服。本书中介绍的幼儿园都有自己鲜明的特点，各位园长和教师都将自己的教育思考和教育理念外化在幼儿园的环境创设中，并且潜移默化地融合于幼儿的一日生活中，这些才是环境创设的本质意义。

扫一扫二维码，观看视频

作者：杨雯雯、宋雪珠　　拍摄：宋雪珠
审稿：颜萍萍
（文中部分图片由幼儿园提供）

06

在运动特色幼儿园里，除了运动还有什么

园所简介

START!!

特别鸣谢：上海市黄浦区奥林幼儿园

奥林幼儿园是上海市公办一级一类体育特色幼儿园。幼儿园除了为幼儿提供丰富好玩的户外运动环境之外，还创造性地规划了幼儿园的室内环境，充分利用起幼儿园的走廊、楼梯、公共活动区等室内区域来丰富幼儿的室内运动内容。

独具特色的室内运动环境

为了保证幼儿在雨天和雾霾天也能有足够的运动量，许多幼儿园都在积极探索室内环境的利用方法。奥林幼儿园在室内投放运动器材，让幼儿每天都能获得运动的机会。

悬垂 + 攀爬

○ 走廊

走廊的空间被完全利用了起来，为幼儿提供了有挑战的室内运动环境，幼儿可以练习攀爬、悬垂、平衡、投掷等动作。在室内，幼儿的各种运动能力同样可以得到锻炼和发展。

在走廊的尽头，有这么一块区域，幼儿正在那里津津有味地"博弈"。我们看到的是幼儿在安静地竞技，体育精神并不是一定要大汗淋漓才能体现。

攀爬

这里还有许多幼儿正在下棋。仔细一看，这些棋类游戏以前我们似乎都没见过，询问之下才知道，这些有意思的棋类新玩法都是幼儿和家长原创的。

木质撞球

自创的棋类游戏

桌上足球

那么，这么多棋盘该怎么收纳呢？这里有教师精心设计的收纳区。

棋盘收纳区

○ 楼梯

不起眼的楼梯能成为什么有意思的活动区域呢？教师在楼梯上铺上了垫子，将其变成了滑梯。幼儿也发挥了自己的主观能动性，正着滑，倒着滑，还要玩点儿"花样"。

趴着滑

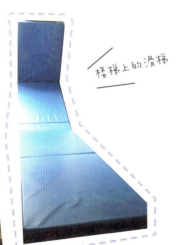

楼梯上的滑梯

○ 公共区域

在公共活动区域，幼儿园也因地制宜地放置了许多运动器械。

攀爬+悬垂

倒着滑

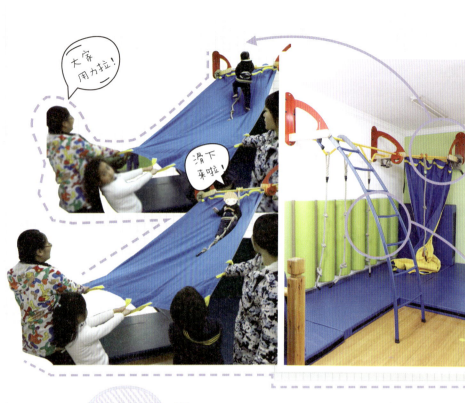

大家用力拉!

滑下来啦!

除了可以独自进行的活动外，这里还有需要互相协作完成的项目。知道这个区域该怎么玩吗？

表情专注

迷你小厨房

寻着一股清新的香气，我们来到了这个迷你又充满爱的地方——迷你厨房。小厨房的门口挂着今天的菜品：香干马兰头。

拣菜组

今日菜单

切香干组

洗菜组

动作娴熟

幼儿都煞有介事地穿着小围裙，戴着口罩、袖套和帽子，各自分工，专注地忙于自己手中的活儿：有切香干的，有洗菜的，还有拣菜的。

有迷你小厨房，当然也有迷你小餐厅。这样逼真的缩小版餐厅，让幼儿怎能不喜欢呢？

迷你小餐厅

当家小农庄

饮水思源，迷你小厨房中的马兰头是从哪里来的呢？这可不是阿姨从菜场买来的，而是小班幼儿自己从"当家小农庄"里采摘来的。

小农庄布置得井井有条

这里张贴着各类照片、标识，可供幼儿辨认、识别这些蔬菜。

各类照片和标识

一股清香扑鼻来，怪不得小班的幼儿一来到小农庄，都眉开眼笑，高兴得不得了。

新鲜的蔬菜

小班幼儿今天的"工作"是采摘草头以及给其他蔬菜宝宝浇水。

首先，教师为幼儿示范采摘草头的正确方法，幼儿听得聚精会神。

教师示范

我要轻轻的……

看，这是我的劳动成果！

采摘蔬菜

幼儿学会后便自己采摘起来，他们个个都小心翼翼的，生怕把草头折伤。

幼儿采摘完蔬菜特别有成就感，提着收获满满的小篮子可高兴了。

浇水

还有的幼儿开始为其他蔬菜浇水。他们手提小水壶认真地浇着水。

这里我来浇，你浇那边吧！

好的！

蔬菜宝宝们，好好喝水哦！

幼儿一边浇水，一边还在互相沟通讨论，分工合作的意识也在这里悄悄地萌芽了。

边浇水边讨论分工

幼儿拿着篮子和水壶忙碌地穿梭在各个蔬菜种植区，他们在摘菜和浇水的同时，对那块还没长出蔬菜的泥土区域非常好奇。

这里会种出什么呢？

看！这里有图片，以后会长出这种蔬菜吧！

好奇宝宝

玩沙区

○ 玩沙区中的低结构材料

　　不知不觉我们已经走到了幼儿园的玩沙区，和我们之前所看到过的玩沙区不同，这里提供了大量的低结构材料，有些工具还需要足够的体力才能使用。

咦？这些是做什么用的？

我是不是很有小小建筑师的架势？

幼儿的玩沙工具

忙碌的建筑工地

石板路

○ 玩沙区中的运动器械

在玩沙区，幼儿可以尝试玩另外一种形式的"梅花桩"。

梅花桩

沙地绳索

在沙地上走绳索，就算是不小心掉下来也有软软的沙子作为防护。

在探索中获得经验

○ 创意沙画

幼儿除了可以在沙上直接作画外，还可以手里捏一小把沙，轻轻地、慢慢地将沙子洒在想要填补的地方，就像手里捏着的是一支神奇的画笔。

在沙子上直接作画

○ 沙漏的奥秘

沙漏为什么可以用来计时？幼儿可以通过观察、思考和提问的方式来寻找答案。

它为什么能计时呢？

用沙子填画

观察沙漏

颜色叠加在一起，会发生什么变化？

○ 颜色的叠加

不同的颜色叠加起来会发生什么神奇的变化吗？试一试就知道了。

用放大镜仔细观察

写在结尾

　　走出奥林幼儿园，1b＋老师内心还激动万分着。在看了别具一格的室内运动环境，还有培养幼儿各项能力的生活特色活动和主题下的个别化活动后，觉得这所幼儿园的幼儿让人印象深刻，他们外向、快乐、健康。在体育特色园，运动只是一种方式、一种途径，幼儿在这里得到的不仅仅是身体的锻炼，而是各方面能力和经验的获得。

作者：宋雪珠　　拍摄：宋雪珠、沈景怡
审稿：颜萍萍
（文中部分图片由幼儿园提供）

扫一扫二维码，观看视频

这所充满书香的幼儿园，把"讲故事"这件事儿玩出了6种方式

START!!

园所简介

特别鸣谢：上海市宝山区陈伯吹实验幼儿园

上海市宝山区陈伯吹实验幼儿园是上海市一级一类幼儿园，该园秉承着"教育让每个幼儿走得更远"的教育理念，传承了陈伯吹先生"让文学赋予幼儿大胸襟、大关怀、大境界"的教育思想，建构了符合本园实际文学特色的课程。幼儿园多次在全国、市、区级层面展示办学特色，先后获得了"全国特色教育先进集体"、"上海市保育工作先进单位"以及"上海市特色先进教工之家"等光荣称号。

陈伯吹先生曾说过"优秀的儿童文学是最好的教材"。在这所充满书香的幼儿园里，我们深深地体会到了这一点。

充满书香的幼儿园

活动篇

讲故事是幼儿园中非常常见的一类活动，但却并不简单。要想把一个简单的故事说得生动有趣，那就需要融合多种表现方式。幼儿将听过的故事消化吸收，变成自己的作品呈现出来，这才是一次对故事的完整加工。

陈伯吹实验幼儿园围绕"故事的表现"提出了6种"讲"故事的方式，分别是：跳故事、听故事、说故事、演故事、唱故事和画故事。

○ 跳故事

　　跳故事主要是让幼儿通过舞蹈和律动的方式来表现故事的情节。幼儿会穿戴好角色戏服，在小剧场里体会不同的故事角色，并将角色的特点和跌宕的故事情节一一再现出来。

　　在以"跳"故事的方式表现《三只小猪》的过程中，扮演两只小猪的幼儿先商量了一下动作，然后就开始练习了，周围的幼儿（扮演其他小猪）正在给她们加油。

　　"大灰狼来啦！"不知哪里传来了一声惊呼，小猪们四散逃窜。

　　这个时候教师介入了进来，和小猪们围坐一圈，一起讨论起刚才"跳故事"的细节，比如：打拳击的动作；大灰狼来了以后，有没有更好的逃跑办法等。小猪们各抒己见，还各自演示了自己的动作。

可以躲在
大树的背后。

大灰狼演示动作

大灰狼也认真地琢磨自己的动作并演示给大家看。通过教师的引导和分享，幼儿各自都找到了"跳故事"中的适合自己的动作。

听故事

听故事是幼儿非常喜欢的活动形式，也是幼儿园一种比较普遍的活动形式。幼儿是听的主体，教师是讲的主体，幼儿围坐在教师四周，在安安静静的阅读室里，教师和幼儿都沉浸在故事的氛围中。

专注的眼神

期待的眼神

听故事

○ 说故事

这里的说故事可不是简单地让幼儿复述故事的内容，而是让幼儿在理解故事内容、情节发展、人物角色特征的基础上尝试用自己的语言生动形象地表现故事。教师认为，让幼儿理解故事最好的办法就是引导他们将自己化身为故事里的角色，跟着角色去体验每一个故事情节的跌宕起伏，所以说故事的形式主要就是以为故事角色配音的方式为主。

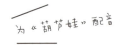

为《葫芦娃》配音

这种活动形式是 1b + 老师从没想到过的，用声音来表现故事情节、人物的角色特征和人物的情绪，这真不是件容易的事，幼儿能行吗？带着心中的疑问，我们看到了幼儿正以小组的形式聚在一起，认真研究着"剧本"。比如这一组，幼儿在观看《葫芦娃》的同时，也在不停地揣摩着人物的说话口吻。

令人吃惊的是，幼儿不仅能够完成配音，还表现得非常出色，每个人都牢牢地抓住了各自角色的明显特征。在配音的时候，有的幼儿甚至还情不自禁地加入了一些动作。

○ 演故事

顾名思义，演故事就是幼儿要将文学作品所传达的内容表演出来，这可不是容易的事儿。但幼儿表演得非常投入，在他们的演绎下，故事变得更加生动有趣了。例如，幼儿正在表演《没有牙齿的大老虎》。

害怕的动物们

霸气的老虎

森林里的小动物看到大老虎都很害怕，它们送了各种各样的东西给老虎。

小狗送了骨头

小狗给老虎送了它最喜欢的骨头。小猴给老虎送了它最爱的桃子。兔子给老虎送了大大的棒棒糖。

真甜，太好吃了！

老虎觉得糖实在是太好吃了，于是吃了好多好多糖，直到……它觉得牙疼。

疼得在地上打滚

于是老虎来到医院看牙，医生一看，它的牙齿全都蛀坏了，要拔掉。医生拔不了，找了森林里的其他小动物们来帮忙，大家一起拔呀拔，终于把大老虎的牙齿给拔光了。

津津有味地吃糖

一起拔牙

大老虎终于不痛了，但是它也不再有锋利的牙齿，小动物们不怕它了，大家一起欢呼了起来。通过这样的表演游戏，教师希望幼儿能懂得保护自己的牙齿。

小动物们欢呼起来

故事的感染力透过舞台上"小演员"们淋漓尽致的表演而愈发深刻。每一个故事在一次次演绎的过程中不断升华，最后变成幼儿的人生底蕴和幼儿园的文化积淀。

○ 唱故事

我们被清脆的歌声吸引至此，原来幼儿正在这里进行唱故事的活动。

每个幼儿都是小小音乐家，一张一合的嘴巴，带范儿的姿态，每个人都在认真扮演合唱队中的角色，将歌里的故事唱出来。

唱故事

小小音乐家

"小歌唱家"正对照着图片，寻找自己在合唱队里扮演的角色。

OK，各就各位啦！

在图片中找到自己的角色

这么精彩的歌声是怎么来的呢？我们也不忘探秘台下的"幕后故事"。原来幼儿在集体演唱前，会通过自主讨论确定今天由谁来扮演哪个角色，由谁做领唱。

确定自己的角色

画中的故事

○ 画故事

在成人的世界里，故事是由文字组成的，但在幼儿的眼中，故事一开始其实是由图画构成的。幼儿善于从图画故事中捕捉对比强烈的色彩、成人不易发现的细节，因此，幼儿借由绘画方式展现出的故事也具有这样的特点。

在陈伯吹实验幼儿园的创意美术室里，幼儿在进行的可不是普通的美术活动，而是在"画故事"。据教师介绍，他们前期的经验是阅读过故事《小房子》，并且在理解故事的前提下进行了现在的艺术创作活动。首先开展的是关于小房子的粘贴活动，幼儿将各种带有彩色图案的纸粘贴在纸板上，创作出自己喜欢的房子造型。

在纸板上创作房子

除了在纸板上呈现小房子的造型，还可以在纸筒上"建造"小房子。先用轻黏土勾勒出小房子的轮廓，再在轻黏土轮廓上粘贴"水晶马赛克"，就像在贴瓷砖一般。

在纸筒上创作房子

在刮蜡画纸上创作房子

除了通过粘贴的方式创作房子外，还可以在刮蜡画纸上实现自己对房屋造型的畅想。

我用纸盒做房子

这是我创作的五彩小屋。

纸箱也非常适合用来建构小房子的造型。幼儿将各种形状的纸箱都充分利用起来了。

在长卷轴画上,一边画的都是老房子,另一边画的都是新房子。

长卷轴上造房子

这里的幼儿正在用"玉米粒"创作立体的房子。

用"玉米粒"造房子

咦？露台上这些幼儿在画些什么呢？原来是一群幼儿正在写生，他们在露台上观察周边的建筑，并且尝试用各自不同的方法和美术材料进行创作。

写生

环境篇

幼儿园的名称来源于著名的儿童文学作家陈伯吹。因此，当我们一进入幼儿园，迎面就看到了墙面上的那列根据陈伯吹先生的文学作品打造的"故事小火车"，彰显了幼儿园浓浓的文学气息。

故事小火车

○ 大厅

一走进幼儿园的大厅，扑面而来的都是书的印记。这里不仅强调为幼儿提供种类丰富的书，而且注重以趣味性的方式来为幼儿呈现这些书。这里的书架都是经过幼儿园的教师精心挑选的。

小羊造型的书架

麋鹿造型的书架

躺着的书柜

once upon a time.................

藏书的书柜也不是高高在上的，而是平躺着的，这些书都是幼儿触手可及的。

○ 走廊

走廊也是一个重要的环境创设区域，一些精选的幼儿绘本被搬到了走廊的墙面上。《大卫不可以》是幼儿非常喜欢的绘本。教师将图书中的某些画面变成了墙饰，展示在公共区域，而且还在这些画面的下方悬挂了各种生活用品、废旧物品等。幼儿可以根据画面的内容操作这些悬挂的物品，让它们发出声音，以此来表现故事中的场景。

墙饰

陈伯吹实验幼儿园的走廊非常宽
敞，于是教师将走廊利用起来，摆放了几
把小椅子，放了一些图画书，把这里也变成了
幼儿看书休息的好地方了。

幼儿创作的
故事灯罩

走廊里的阅读区

故事"上映"

会讲故事的人，不会放过
生活里每一个具有故事张力的
细节；会讲故事的幼儿园，也
不会错过每一件充满故事意味
的小物件。瞧，走廊里的这些
灯罩是可以拆下来的。壁灯的
白色灯罩可以成为故事的一部
分，幼儿可以在上面创作故事，
然后将这些作品变为环境的一
部分。打开灯看看，哇！我的
故事"上映"了。

在走廊的另一边，这些透明的塑料板
吸引了我们的注意。只要轻轻触摸一旁的
开关，灯光随即亮起，光透过这块透明的
塑料板，将上面的图案投射到了地上，很
有趣。

幼儿不仅能够自己画故事，还能探索
用有趣的方式"放映"故事。

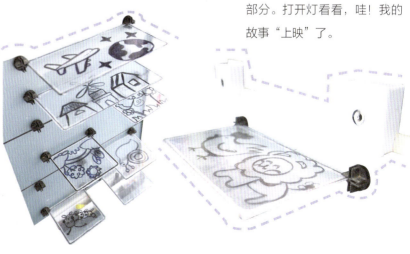

用透明板"放映"

○ 楼梯

为了激发幼儿的想象力，幼儿园特意在两处楼梯上做文章，开辟出两块充满想象的空间。一个是海洋主题，另一个是森林主题。幼儿走过楼梯时，就能够感受到这些充满想象力且富有趣味的环境元素。

海洋主题

森林主题

幼儿园里的几处宽阔的楼梯拐角也被利用了起来。这里光线比较暗，不适合作为幼儿看书的地方，但是幼儿可以在这里戴上耳机听故事。

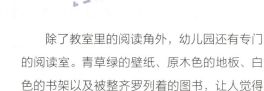

拐角听故事

○ 阅读区

在每个教室里，都有这样一个小小的阅读角，温馨且舒适。

除了教室里的阅读角外，幼儿园还有专门的阅读室。青草绿的壁纸、原木色的地板、白色的书架以及被整齐罗列着的图书，让人觉得清新、舒适。

阅读角

阅读室

写在结尾

在陈伯吹实验幼儿园的公共环境中，随处都能感受到环境营造出的浓浓的阅读氛围。从大厅、走廊、楼梯的拐角到阅览室，到处都可以找到用心布置的阅读环境。

在这里，幼儿不仅可以自主阅读、听故事，还能和家长一起看书或借书回去看。园长和教师打造园所的阅读特色活动，不仅仅是为了让幼儿在幼儿园中感受到阅读的魅力，更重要的是为了将这些好的阅读方法传递给家长们，以期为幼儿营造良好的家园共育的环境。

作者：张芷君、宋雪珠　　拍摄：宋雪珠
审稿：颜萍萍
（文中部分图片由幼儿园提供）

扫一扫二维码，观看视频

第二部分

国际视野

友情出镜

菲索幼儿园

上海市黄浦区民办玛诺利娅主题幼儿园

美国波士顿自然途径幼儿园

美国剑桥艾利斯学校

德国比肯费尔德市阳光幼儿园

08

揭秘：上海第一所意大利蒙台梭利国家工程官方授权指导的儿童之家

START!!

园所简介

特别鸣谢：菲索幼儿园

菲索（Free Soul）幼儿园是意大利蒙台梭利国家工程（中国）官方授权指导的上海第一所儿童之家，系 1907 年在意大利创办的儿童之家的姐妹学校。意大利儿童之家被世界教育界认为是最成功和令人尊敬的幼儿学校的典范。专注于发现每个幼儿的不同，是菲索幼儿园的兴趣和理想。

近年来，蒙台梭利教育热度越来越高，受到家长们的追捧，各地的蒙台梭利幼儿园、蒙台梭利班遍地开花。那纯正的蒙台梭利幼儿园到底是什么样的？环境是如何创设的？教师是如何教育幼儿的？课程又有什么特色呢？带着这些问题，我们走进了上海第一所意大利蒙台梭利国家工程（中国）官方授权指导的儿童之家——菲索幼儿园，来这里感受最正统的蒙氏教育。

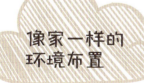

像家一样的环境布置

走进幼儿园，心一下子就安静了下来，白墙红瓦且被绿树围绕着的园所给人静谧舒适的感觉。幼儿园的整体建筑群具有西班牙高迪式建筑风格，在绿树的簇拥下，整个园所美得像一件艺术品。园长说："因为这是一所儿童之家，所以幼儿园是按照家的样子来布置的。"因此，它和印象中五彩斑斓的幼儿园不太一样，是温馨、舒适、有温度的。

像家一样的幼儿园

1907年1月6日，玛丽亚·蒙台梭利博士在意大利罗马的圣洛伦佐成立了世界上第一所儿童之家，并影响了全世界100多个国家的幼儿。1924年玛丽亚·蒙台梭利博士与当时的教育部长共同发起，后依据第1534号王室法令在意大利罗马联合创立第一个教育机构——意大利蒙台梭利国家工程。2016年8月7日，在意大利驻中国大使馆文化处参赞史芬娜女士的见证下，意大利蒙台梭利国家工程斯格博拉主席正式认证菲索幼儿园为意大利儿童之家的姐妹学校。

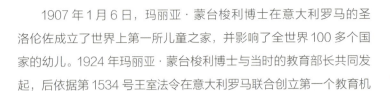

○ 门厅

进入幼儿园的门厅，我们看到了古朴的壁炉、松软舒适的沙发、咖啡色的家具以及装裱好的幼儿艺术作品。抬起头看到的是蒙台梭利博士的照片，以及儿童之家的影像图片。眼前这个古朴的西式客厅仿佛让我们穿越到了百年前的意大利罗马。

幼儿席地而坐

门厅

○ 走廊

走廊里铺上几块小垫子，幼儿和教师席地而坐，就像在家里一样舒适。

准备吃点心的幼儿

有准备的环境

当走进教室时，会让人不自觉地想踮起脚尖走路，因为这里实在太安静了。

放眼望去，每个幼儿都在专注地工作：有的幼儿正围坐在餐桌前吃点心；有的幼儿在感官区摆弄着教具；有的幼儿在语言区看书；有的幼儿正在艺术区创作。

在艺术区创作的幼儿

教室中的原木色桌椅和浅蓝色窗帘，以及窗外的一大片绿色，让人内心无比平静。这里的装饰没有一丝花哨，这里的材料都那么实用。

原木色的桌椅和浅蓝色的窗帘

家具的高度非常适合幼儿的身高，每一个教具都是有序放置着的。几组小矮柜把教室的空间分隔成了若干个别化活动区域，因此，在这个温馨的家中，每个幼儿都能各得其所，有自己独立的外在空间。蒙氏教育中强调给幼儿创造有准备的环境，不是供幼儿征服或者享受，而是作为一种手段让幼儿完善自己的各类活动。

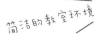

简洁的教室环境

幼儿需要简洁的东西，因为复杂的东西反而更容易阻碍他们的发展。在菲索幼儿园，我们看不到五颜六色的布置，这里只有为幼儿准备的环境，墙上有画，桌上有花，自然纯朴而优雅。

"看不见"的教师

以往在参观幼儿园时，我们往往会看到教师在教室的中心，或者听到教师指导幼儿的声音，但是在这里仿佛可以忽略教师的存在。只有在幼儿需要示范、协助的时候，我们才会看到教师静静地陪在他们身边，轻声细语地协助他们。

静静陪伴在幼儿身边的教师

菲索幼儿园的每一位教师都是获得意大利蒙台梭利国家工程认证的。教师需要经过严格系统的培训，参加理论和实践的双重考试，并需要在幼儿园实习合格后，才能获得由意大利蒙台梭利国家工程颁发的证书。每个学期意大利的专家还将和他们一同带班，进行为期几个月的督导和训练。意大利蒙台梭利国家工程象征着蒙台梭利界的最高学府，因此这张证书如同一枚金字印章，具有极高的权威性。

证书

教师也是环境的一部分

那么，这样高素质的教师为何如此"隐形"呢？园长的介绍让我们了解到正宗的蒙氏教学，即强调教师应该作为环境的一部分，要完全尊重幼儿的需要，教师只是一位观察者和支持者。教师不能成为幼儿独立活动的一种阻碍，也不应该代替幼儿完成那些能让他们不断成长的活动。

通过采取被动的态度，教师可以避免因权威给幼儿造成的障碍，幼儿也因此变得积极起来。当看到幼儿能够自己活动并取得进步时，教师会感到心满意足。

因此，在菲索幼儿园的教室里，教师没有讲授区域，不是权威，几乎不再教授。幼儿是活动的中心，他们可以按照自己的意志自由地到处走动，自由地选择自己的工作。

自由地选择工作

神奇的教具

粉红塔

众所周知，在蒙氏教育中，除了环境有其特别之处外，还有一个非常神奇的存在，那就是教学具。蒙台梭利在 100 年前开发的这一系列精细、有趣、益智的教学具，让所处现代化社会的我们觉得太不可思议了。这些精妙的教学具能够培养幼儿缜密的逻辑思维能力。幼儿在操作教学具的过程中，其专注的学习品质也能得到提升。

比如以最经典的粉红塔为例。它是由 10 个大小不同的粉红木块组成的，从最小的 1 立方厘米的立方体到最大的 1000 立方厘米的立方体。通过它，幼儿能获得非常精准的空间知觉，能训练视觉，能感知大小、重量，并建立比较、序列、立方、数数等数学概念。当幼儿用粉红塔开始工作时，他们既能通过触摸了解序列的概念，又能在长时间的工作中培养敏锐的观察能力和数学的心算能力。当然，幼儿也可以通过建构来充分发挥自己的想象力。

在蒙氏教育中，幼儿的每一项探索都是一种"工作"，幼儿会不断重复操作这些工具（教学具），直至了然于心。因为蒙台梭利认为，工作应该是人类获取巨大满足感的一种源泉，是儿童保持健康和建立"正常化"的一种重要途径。

成人和幼儿的工作有巨大的差异：成人的工作是为了谋生，幼儿的工作是为了成长。幼儿的工作无人能代替，结合幼儿敏感期来引导他们进行合适的工作就是教育的内容。让每一位幼儿能够独立自主就是蒙氏教育的精髓。

写在结尾

蒙台梭利说，教育应不再是简单的知识灌输，而是找到一条能够释放人类潜能的新途径。我们在菲索幼儿园看到了这片能释放幼儿潜能的乐土。而这也体现菲索幼儿园的办学理念：发现每个幼儿的不同。让每一个幼儿充分展现他们自由的心灵，开启他们的天赋，这就是菲索，即 Free Soul 的由来。

作者：方菁　　拍摄：宋雪珠
审稿：颜萍萍
（文中多数图片由幼儿园提供）

扫一扫二维码，观看视频

09 走进上海市中心最美的别墅幼儿园
——玛诺利娅主题幼儿园

START!! 园所简介

特别鸣谢：上海市黄浦区民办玛诺利娅主题幼儿园

上海市黄浦区民办玛诺利娅主题幼儿园是一所招收 2 岁至 6 岁幼儿的全日制学校。玛诺利娅主题幼儿园致力于为幼儿、家长营造一个温馨如家的环境，探寻幼儿教育之路。幼儿是一切活动的出发点和归宿，幼儿园应能让幼儿享受快乐的童年，同时也要为他们未来的成长和发展做准备。

说起幼儿园，我们或许会想到宽敞的校门、宽阔的操场。然而今天要介绍的这所幼儿园，位于一栋有着百年历史的洋房别墅内。这所小而美的幼儿园，或许能满足我们对幼儿园所有美好的向往。

〇 建筑外形

百年洋房里的幼儿园

玛诺利娅主题幼儿园坐落在上海的繁华地段。这座有着青砖外墙、红砖腰线的建筑，总会让人不自觉地多看几眼。

洋房中的幼儿园

初听幼儿园的名字，可能会以为这是一所教会学校，其实并不是。园长告诉我们，幼儿园里藏有两棵百年树龄的玉兰树，她希望幼儿能像玉兰树一样，向上生长并积极探索，所以就以玉兰树的法语读音"magnolia"来命名幼儿园的名字——玛诺利娅。幼儿园里外籍幼儿占70%，是一所国际化程度非常高的幼儿园。园所分为法语部与中英部，法语部只招收法国幼儿，中英部招收中外幼儿。

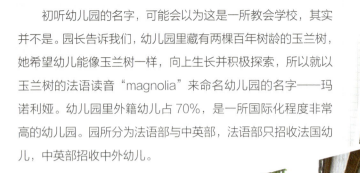

幼儿园中的小径

○ 烘焙教室

走进洋房，我们就被一阵浓郁的香气吸引了。原来在一楼的烘焙教室里，幼儿正专心地制作小点心。动动手指，有助于幼儿小肌肉的发展，同时能刺激脑神经，提高精细动作的能力。外籍教师正温柔、细心地指导幼儿制作。点心的香气充盈了整个小房间。

是不是很诱人呢？

幼儿制作的点心

教师指导

○ 教室

因为幼儿园建在洋房里，所以每间教室并不大。但整体阳光通透，可谓麻雀虽小，五脏俱全。透过大大的玻璃窗，我们还可以看到幼儿在里面活动的场景。

教室

教室里同样布置了许多区
角，供幼儿自由选择进入。

阅读区

喝水记录

DID YOU DRINK
WATER , TODAY?

今天你喝水了吗？

教室中的作品展示

教室里还展示着幼儿
各式各样的艺术作品。

○ 走廊和楼梯

参观完教室，我们继续踩着木质的楼梯向
上走。因为洋房的扶手对幼儿来说有点高，所
以教师特地在另一侧布置了幼儿专用的麻绳扶
手。

幼儿专用的麻绳扶手

麻绳渔网

一楼与二楼之间的"麻绳渔
网"，既能保护幼儿，又能让整个
楼梯环境显得纯朴自然。

照片墙

在楼梯间的照片墙上，展
示了幼儿园各种活动的情景。

楼梯间的植物

楼梯边上还放置了一些绿色
植物，使人感觉特别清新、舒适。

○ 阅读室

顶楼的阅读室设计得非常新颖，以绿色迷宫的形式将整个空间切分成了几个小区域。这里的书籍有中、英、法三个语言版本，教师也会用不同语言来讲故事。

绿色迷宫

充满幼儿作品的
阅读室

阅读室中的装饰物都来自幼儿的作品，不华丽但却温馨。

这里有懒人沙发、"绿草坪"和望远镜，整个空间充满了意趣。

教师办公室

○ 办公室

除了幼儿的活动区域充满了大自然的气息外，连教师办公室都是这么绿意盎然。

充满古代文明色彩的园所环境

每年开学的时候，幼儿园都会定一个主题，今年的主题是古代文明。为了迎合大主题，大、中、小班的教室都会以这个主题来布置环境，展开的主题活动也是与古代文明有关的。幼儿园希望通过这样的主题活动，让幼儿初步接触多元文化，发现和感受生活中的美，萌发审美情趣。

〇 古希腊文明

在刚进门的走廊里，我们就看到了古希腊风格的洗手台。

古希腊风格的洗手台

舞蹈房里，正在举行奥林匹克运动会颁奖仪式。幼儿穿上古希腊的装束，体验着奥林匹克的精神。

奥林匹克运动会颁奖仪式

我们发现，不是所有的幼儿都穿上了古希腊服饰，教师告诉我们，如果幼儿不喜欢就可以不穿，我们完全尊重幼儿的选择。

幼儿自己来决定要不要换衣服

古埃及文明之娃娃家

〇 古埃及文明

古埃及文明以金字塔和狮身人面像为代表。此外，令人印象深刻的还有它的灌溉系统、艺术、文学传统、复杂的宗教以及那些显赫的王朝。在玛诺利娅主题幼儿园中，这个消逝的文明变成了幼儿园课程的一部分。

古埃及文明之艺术创作

教师在向幼儿展示滋养了古埃及文明的世界最长河流——尼罗河。

教师展示尼罗河图片

古埃及文明有着自己的服饰文化。幼儿穿上这些服饰开展装扮活动,这是他们特别喜欢的活动。

我们像不像古埃及人?

居然还有木乃伊!

装扮活动

这些幼儿是在画画吗?原来他们正在认真地写象形文字。

写象形文字

○ 维京文明

维京时期一般指的是从公元 790 年开始到公元 1066 年。"vikingr（维京）"这个词曾经出现在斯堪的纳维亚半岛的古代如尼文石碑上面，在冰岛的土语中指的是"海上冒险"。在历史上，维京人的足迹遍及欧洲大陆和北极广阔疆域。

教师介绍阿兹特克、印加文明

维京文明

○ 阿兹特克、印加文明

阿兹特克是一个活跃在公元 14 世纪至 16 世纪的墨西哥古文明，与印加文明、玛雅文明并称为中南美洲的三大文明。

制作具有当地文化特色的装饰品

相关环境布置

这里也有装扮活动，它能让幼儿快
速了解阿兹特克、印加文明的服饰特点。

制作服饰道具

帽子

与社区资源的整合

如今的幼儿园教学不仅仅局限于园内，社区教育也已经成为教学的组成部分。玛诺利娅主题幼儿园处于上海市中心区域，园长和教师十分重视对周边社区资源的利用，所以会经常组织幼儿去社区中的一些场所参观，如：人民公园、雕塑公园、中医医院、上海历史博物馆、牙医诊所、有机农场、上海民生现代美术馆等。

在社区演出

为老人表演

此外，幼儿园还着力联系更多社区资源，教师会定期带幼儿去敬老院给老人们表演节目，去社区中心操场踢足球，尽可能让幼儿有更多体验。

这些"无形"的教师让幼儿走出幼儿园，亲近自然，接触社会，了解人与环境的依存关系，培养其认知和探索的兴趣。

参观完玛诺利娅主题幼儿园，让 1b+ 老师印象深刻的有三点：

1. 充分利用社区资源，弥补幼儿园本身空间小的缺陷，将社区打造为"无形教室"。

2. 每年制定一个大主题，所有的班级围绕这个主题布置环境，开展教学活动。

3. 让幼儿园像家一样温馨，让外籍的幼儿在上海感受到家的温暖。

玛诺利娅主题幼儿园在师幼比、教学目标上与国内幼儿园有着很大不同，但让幼儿健康、快乐成长的目标是相同的。期望在未来，能有更多这样小而美的幼儿园慢慢涌现。

作者：忻元诚　　拍摄：宋雪珠
审稿：颜萍萍
（文中部分图片由幼儿园提供）

扫一扫二维码，观看视频

10 让人意想不到，在美国的自然保护区里藏了一所幼儿园

START!!

园所简介

特别鸣谢：美国波士顿自然途径幼儿园

波士顿自然途径幼儿园 (Boston Nature Center Pathways to Nature Preschool) 是一所建立在自然保护区里的幼儿园。幼儿园的各种活动都是以幼儿为中心的动手实践和探索为主的，园所的教育目标包括以下三点：

1. 为幼儿提供安全的成长和学习环境，尊重所有人和大自然。

2. 在幼儿和大自然之间建立联系，让幼儿产生对大自然终生热爱的感情。

3. 让幼儿认识到大自然也是城市环境的一部分。

通往自然的途径

我们沿着道路步行到幼儿园门前，一大片绿色忽然映入眼帘，宛如一条带领幼儿通往自然的途径，就如同这所幼儿园的名称那样。

在这条通往幼儿园的道路上，四周绿色植物环绕，左侧的高大树木为过往路人提供了阴凉。

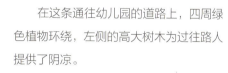

通往幼儿园的绿色之路

门前的绿色

充满绿色气息的周边环境

社区式的氛围搭配绿树成荫的自然环境，让幼儿能在这里彻底放松和充分接触大自然。这所幼儿园一共由两座独立楼房组成：远处的房子设有小班教室，接收 2 岁左右的幼儿；近处的房子设有中班和大班的教室，接收 3 岁到 5 岁的幼儿。

幼儿园的两栋小楼

小班

中班和大班

像家一样的幼儿园小楼

如果不说这是一所幼儿园，外人真的以为这里只是一栋美国普通家庭的民宅。幼儿每天就是在这样的家庭式的园所环境中，与大自然亲密接触的。

小树林里的户外游戏区

打开幼儿园的后门，这里是一片开阔的小树林，也就是幼儿日常玩耍嬉戏的场所。

我们原以为幼儿园的户外游戏环境会是经过精心打造的，像是花园一样，其实并非如此。如果只看图片中的场地，相信很多人会认为这块区域并不适合幼儿活动，因为看不到任何幼儿园中常见的材料，这里只有一个水桶、一个破烂的纸箱、一棵枯树枝和散落在地上的木头等等。但就在这样"简陋"的环境中，幼儿可以玩很久。

自然环境离教室咫尺之遥，幼儿可以像置身在森林中一样尽情玩耍。

在森林中玩耍的幼儿

到了吃点心的时间，幼儿可以选择任何地方，三五成群地坐下来进餐。幼儿可以坐在木桌旁，可以铺上地毯，在铺满了软木屑的地上以任意舒服的姿势用餐。

坐在木桌旁用餐

幼儿种的植物

在这里，木屑、泥巴、石块是幼儿角色游戏"小厨房"中最好的材料。幼儿园里的花花草草也都是幼儿亲自种植的。

"小厨房"的游戏材料

自然教室

自然教室

看到这个标题，有人可能会很好奇，自然教室是不是就是我们幼儿园中的放满各种植物的活动室呢？当然不是，对于这里的幼儿来说，广阔的自然都是他们的活动室。这也是让我们特别震撼的地方。

在这所幼儿园里，没有特别明显的围墙和界限，只要是教师目力所及的地方都可以成为幼儿的乐园。

出了教室，沿着小道漫步，一路可以看到很多正在郊游的家长和幼儿。因为这里是麻州奥杜邦自然保护区，并且毗邻市区，所以有很多游客，甚至也有很多聚会在这里举行。

周围的游客

自然教室能帮助幼儿和大自然建立联系。不过，在进入自然教室之前，每位幼儿必须听教师讲好纪律要求：不论在哪里玩耍，你的眼睛必须能够看得到教师。

遵守纪律的幼儿

台阶

平台

小剧场

会不会躲在这里？

桌子

我爬这么高，他应该找不到我了吧！

捉迷藏小径

右边的台阶、左边的平台和中间的桌子构成了一个小剧场，幼儿可以在此表演节目。一些集体谈话活动也会在这里进行。另外，这里有设计巧妙的路径，方便幼儿玩捉迷藏游戏，中班和大班的幼儿还可以在这里爬树。

攀爬设施

这就是自然教室中的攀爬设施，中班和大班的幼儿可以聚在一起爬上爬下，好自在呀！

只要不是暴风雪等较恶劣的天气，幼儿每天都会有不少于1小时的时间在这里度过，而其他时间也基本是待在自己教室后的院子里。教师的角色，更多的是观察者和促进者，他们不断发现幼儿的自由探索兴趣，再考虑这个兴趣点是否能成为幼儿都感兴趣的课程。

室内教室

教室的墙上贴着来园参加小活动的幼儿与教师的照片。

照片墙

单词和照片也都贴在了门上和墙上，方便幼儿阅读和学习。在这所幼儿园，早期读写方面的教育更多是以沉浸式的方式来进行的，即让幼儿在各种空间和情境中接触到和他们自己有关的读写内容。

墙上和门上的单词、照片

See you later, Alligator
After a while, Crocodile
See you soon, Baboon
Gotta go, Buffalo
Better swish, Jellyfish
Chop, chop, Lollipop
So long, King Kong
In an hour, Sunflower
Maybe two, Kangaroo

韵律儿歌

门上还贴着一首韵律儿歌，便于幼儿随时朗读。

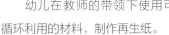

制作再生纸

幼儿在教师的带领下使用可循环利用的材料，制作再生纸。

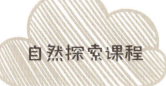

自然探索课程

除了有这样颇具特色的户外环境外，波士顿自然途径幼儿园也设计了非常有针对性的课程。这是两份幼儿园的课程计划表，园所的课程基本是以主题探究的形式来进行的。

这是幼儿园 7 月 31 日至 8 月 4 日昆虫探索主题活动的安排，主要目的为：

1. 幼儿能够识别 5 种不同类型的昆虫。
2. 幼儿能够比较、区分蜻蜓和豆娘。

Pathways to Nature - July 31st - August 4th
Curious Crickets

Investigation: Interesting Insects
Objectives:
1. Children will be able to identify five different types of insects.
2. Children will compare and contrast Dragonflies and Damselflies.

	Monday Cicada	Tuesday Dragonfly and Damselfly	Wednesday Lady Bug	Thursday Honey Bee	Friday Braconid Wasp
Learning Stations (change weekly)	Observing Cicadas	Picture Observations	Lady Bug Spot Counting	Honey Bee coloring pages	Insect Drawings
Morning Circle (Group Gathering and Welcome)	Calendar, Stretches, Songs, & Weather	Calendar, Stretches, Songs, & Weather	Calendar, Stretches, Songs, & Weather	Calendar, Stretches, Songs, & Weather	Calendar, Stretches, Songs, & Weather
SNACK	SNACK	SNACK	SNACK	SNACK	SNACK
Curious Crickets (small group investigations in literacy, arts, technology, social studies, science and math.)	Question: What do you know about Cicadas? Activity: Look at the lifecycle of a Cicada. Add it to our insect chart.	Question: What are the similarities and differences between Dragonflies and Damselflies? Activity: Make a Venn diagram comparing Dragonflies and Damselflies.	Question: What is the lifecycle of a Lady Bug? Activity: Add the Lady Bug to our insect chart.	Question: What do you know about Honey Bees? Activity: Add the Honey Bee to our insect Chart. Visit the observation hive.	Question: What is a Braconid wasp? Activity: Add the parasitic wasp to our insect chart.
LUNCH	LUNCH	LUNCH	LUNCH	LUNCH	LUNCH
Read Aloud/ Rest Time	A Beetle is Shy	Are you a Dragonfly?	Are you a Lady Bug?	Are you a Honey Bee?	Some Bugs
SNACK	SNACK	SNACK	SNACK	SNACK	SNACK
Free Play and dismissal	Good-bye!	Good-bye!	Good-bye!	Good-bye!	Good-bye!

我们以周一的活动安排为例：

活动环节	星期一
来园后活动（每周更换主题）	观察蝉
晨间谈话（幼儿到达教室）	观察日历、唱歌、谈论天气
	点心
小组讨论（读写、艺术、技术、社会、科学、数学）	提问：你们对蝉了解多少？ 活动：观察蝉的生命周期，并将它添加到昆虫列表中
	午餐
阅读/休息时间	《害羞的甲壳虫》
	点心
	自由游戏、放学

从这些活动内容就可以看出，波士顿自然途径幼儿园的课程是以教师对幼儿的观察为基础的，然后再以此寻找兴趣点，将此作为某一个周期内探索的主题，具有生成性。教师每周都会围绕某个主题并结合幼儿提出的问题，提前计划相应的探索活动。同时教师也强调，活动一定是围绕着幼儿的实际情况开展的，如果某一天幼儿的探究兴趣导向别的问题，那么计划就可能更改。

这是幼儿园 7 月 24 日至 7 月 28 日河流探索主题活动的安排，主要目的有：

1. 能说出河流是"从高处往低处流的"。

2. 当水流从软管或其他通道流出时，能预测水的流向。

3. 明确"融化"一词的含义。

4. 找到阻止水流动的方法。

Pathways to Nature: July 24th – July 28th

Investigation: Rivers

Objectives: Children will be able to...
1. State that rivers flow from "the top" to "the bottom".
2. Predict where water will flow when released from a hose or other source.
3. Define the word "melt" or "melting".
4. Create a solution to stop water from flowing.

	Monday	Tuesday	Wednesday	Thursday	Friday
	How do rivers flow?	How do rivers flow?	Where do rivers come from?	Where do rivers come from?	Can we stop a river?
Learning Stations (change weekly)	Creating a river in the digging area	Making a foil river in the yard	Spray bottle exploration	Ice melting experiment in sensory bins	Stopping "rivers" in the yard
Morning Circle (Group Gathering and Welcome)	Good morning, Feelings, Jobs, Problem Solving, and Yoga	Good morning, Feelings, Jobs, Problem Solving, and Yoga	Good morning, Feelings, Jobs, Problem Solving, and Yoga	Good morning, Feelings, Jobs, Problem Solving, and Yoga	Good morning, Feelings, Jobs, Problem Solving, and Yoga
SNACK		SNACK	SNACK	SNACK	SNACK
Busy Bees (small group investigations in literacy, arts, technology, social studies, science and math.)	Question: How do rivers flow? Activity: Feeding the river in the Nature Nook	Question: How do rivers flow? Activity: Feeding the river in the Nature Nook	Question: Where do rivers come from? Activity: Making a river with "rain"	Question: Where do rivers come from? Activity: Making a river with melting ice	Question: Can we stop a river? Activity: Building a dam in the Nature Nook
LUNCH	LUNCH	LUNCH	LUNCH	LUNCH	LUNCH
Read Aloud/ Rest Time	Water Can Be	Splish Splash	Clouds	The Snowy Day	Beavers
SNACK	SNACK	SNACK	SNACK	SNACK	SNACK
Free Play and dismissal	Good-bye!	Good-bye!	Good-bye!	Good-bye!	Good-bye!

Please bring water shoes or a change of shoes every day!

我们以周五的活动安排为例：

活动环节	星期五
	我们可以拦住河流吗
来园后活动（每周更换主题）	在院子里阻止水的流动
晨间谈话（幼儿到达教室）	互相问好、彼此分享感受、讨论工作、解决问题、练习瑜伽
	点心
小组讨论（读写、艺术、技术、社会、科学、数学）	提问：我们可以阻止河流的流动吗？ 活动：在自然教室建一个"水坝"
	午餐
阅读/休息时间	《海狸》
	点心
	自由游戏、放学

写在结尾

　　其实自然途径 (Pathways to Nature) 这个名称就代表了该园的理念——以真实的自然环境为基础，通过个性化的课程和活动来逐步促进幼儿对大自然的感知。正如我们所看到的，不论是户外环境还是日常的课程设置，幼儿都能以一种探索的方式来接近大自然，这就是最难能可贵的。

作者：郭强　　拍摄：李砚君、张笑颖、宋雪珠、夏竹筠
审稿：颜萍萍
（文中部分图片由幼儿园提供）

扫一扫二维码，观看视频

探秘美国的贵族幼儿园

——美国剑桥艾利斯学校

园所简介

START!!

特别鸣谢：美国剑桥艾利斯学校

美国剑桥艾利斯学校（Cambridge Ellis School）与哈佛大学校园相毗邻，该幼儿园的前身是一所创建于1981年的教会非营利学校。园所以瑞吉欧教育为特色，实施基于游戏的、有创造性的、开放的生成课程。学校的高品质教育来自于高素质的专业教师、创新的课程、家长的倾情参与以及与多元社区的融合。

这所贵族幼儿园和一般的幼儿园有什么区别呢？1b+ 老师在逛完幼儿园后，还真有不少发现。

在了解那扇窗之前，我们先来感受一下这里的环境。美国剑桥艾利斯学校的户外环境并不像想象中的那样高端大气，反而有种返璞归真的朴素和自然。

发现1：操场角落里的一扇窗

滑梯

秋千

运动器械

棚栏

　　在户外操场的一角，有一扇透明的小窗户。透过这扇小窗户，幼儿可以看到隔壁住户家里的养鸡栏。通过询问这里的教师才知道，幼儿在幼儿园听到了鸡叫后，都非常好奇，经过几番探查才知道，这声音传自隔壁住户养的几只鸡。于是，教师在与隔壁的住户商量之后开了这扇窗户，让幼儿可以透过玻璃观察他们感兴趣的鸡。这只是幼儿园和社区合作的一个小案例，但是从这一点就能让我们看到了教师为了满足幼儿好奇心所做出的努力。

操场角落里的小窗

发现2：可以穿泳衣玩水的户外场地

玩水对于不同国家、不同年龄阶段的幼儿都有着永恒的魔力。虽然幼儿园里并没有现成的游泳池和水坑，但是教师也想方设法为幼儿提供了许多可以随时移动的玩水设备。

这是一个可以随时移动的玩水池。水池下方有轮子，移动起来很方便。

可移动玩水池

克气游泳池

这是一个简易的充气游泳池。泳池里摆放了许多玩水玩具，幼儿可以在这里自由自在地游泳、嬉戏。

跳律动操的教师和幼儿

在玩水区的边上，一名教师正带着幼儿一起跳律动操，愿意参加的幼儿跟着教师一起扭动身体，但是也有另外一些幼儿在水池边自由地玩耍，并没有参与这个集体活动。轻快的背景音乐，愉悦且投入的教师，无拘无束的幼儿，看起来简直就是一幅画。

等到幼儿玩水尽兴之后，就会自己拿浴巾擦干身体，换衣服，教师也不怎么帮忙，一点儿也不着急，幼儿的自理能力自然而然就在这样的过程中得到了锻炼。从幼儿园的一日活动流程表中，其实我们并没有看到特别多的环节，无非是玩、吃、听故事、午睡，以及很短的集体活动时间，这好像跟多数人预想的都不太一样，教育原来可以化繁为简。

Young Explorers Preschool Schedule

8:30 Big Playground
9:45 Snack/Bathrooms
10:20 Meeting
10:40 Free Choice
11:40 Story
12:00 Lunch/Bathrooms
12:30 Quiet Rest
2:00 Clean up/Bathrooms
2:30 Big Playground

We will cook Friday mornings.

Please send your child in with sunscreen on and in their bathing suit.

一日生活表

包裹着浴巾的幼儿

发现 3：
一把温情的梯子

走进幼儿园的教室，我们发现教室里的布局跟国内的幼儿园很相似。教室门口有一个类似于国内幼儿园的家长通知栏的区域，教室内也被划分成各种不同的区域。

家长通知栏

这里是幼儿在园中存放物品的地方，每个小格子上都有幼儿的姓名。

幼儿存放物品的地方

建构区

这里的建构材料非常贴近自然，比如有各种形状、规格的木桩。

阅读区

不同教室内的阅读区也各具特色，有的在地上铺上了"枯树叶"（纸和布条），有的装上了温馨的帘子。

在自然角里有一只可爱的小海龟，幼儿还给它起了个名字"Travis"。在自然角的旁边，教师还准备了小海龟的食物，幼儿可以喂养小海龟。

自然角

Turtle Food

COME SAIL WITH US

美工区

在美工区里，我们看到了幼儿制作的小帆船正乘风破浪，在浩瀚的大海中勇敢前行。

ladder 梯子

在一间教室里，我们看到高高的窗框旁架着小小的梯子。刚开始以为是环境创设的一部分，后来通过教师的介绍才知道，原来这是给舍不得父母的幼儿准备的，好让他们可以在同父母分别后趴在窗口，再看看父母，和父母挥挥手。突然，我们的脑海中就出现了一个幼儿正挥舞着胖乎乎的小手，向幼儿园门口的父母告别的场景。或许在父母不经意转身的一刹那，还能看到孩子期盼和依恋的眼神，爱的情感在此联结。

温情的梯子

发现4：彩色月历的秘密

每间教室都有一块彩色的月历板。这块月历板上的数字是可以自由摘取的（根据雌雄搭扣的原理），很实用，我们可以将这一方法沿用到各类需要更替的墙面环境中。在每天小组讨论的时候，教师会和幼儿一起交流关于日期与天气等话题。低龄幼儿很难理解一些抽象的时间概念（如：周三、周四等），这时教师就会通过颜色将这些内容表示出来，比如今天是黄色日，明天是绿色日，一周有七个颜色，幼儿就很容易记住了。这不就是在熟悉幼儿年龄特点的基础上，教师做的调整吗？

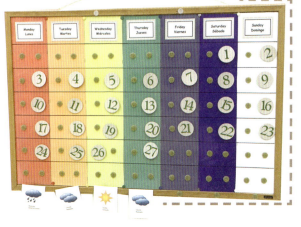

彩色月历板

发现5：
沉浸式的教育环境

乍一看，这里好像并没有什么特别的地方，就像是随处可见的任意一间幼儿活动室，与波士顿大多数的幼儿园并没有什么大的差异，但是走进一看就感觉到了不同，或者说是一种亲近感，这种亲近感来源于教室中随处可见的中国文化印记。

充满中国印记的活动室

在教室的阅读区，书架上提供的所有的绘本都是中文的。

中文绘本阅读区

抬头一看，活动室里的吊饰也极富中国特色。

极富中国特色的吊饰

这间教室内的摆设就像是中国本土的幼儿园，让我们既感到亲近，又觉得诧异。这真的是一所美国的幼儿园吗？

原来剑桥艾利斯学校在为幼儿努力打造沉浸式的幼儿园语言教育环境。图中是中文班的教室，班级内的两位教师都是精通英语和汉语的。幼儿园一日生活所涉及的环境会同时通过中文和英文两种语言来展现，包括所有活动也会凸显另外一种语言文化的特色。幼儿园除了有基于英语的活动环境之外，还提供了西班牙语和汉语两种语言环境。

这里也有彩色月历板，但却印有中文，和之前看的不同。

沉浸式语言教育环境

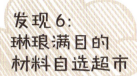

发现 6：
琳琅满目的
材料自选超市

在这所幼儿园里，我们强烈地感受到了材料的丰富性，这里有各类来自生活和大自然的材料，数量和品种都非常庞大。

纽扣和布

贝壳

教师会根据不同的主题活动投放丰富的自然材料与低结构材料。那么，这么多材料是如何存放的呢？园长向我们展示了这个储物间。

这些柜子里放了什么呢？

这里是一个材料仓库。各区角活动的材料应有尽有，教师只需按自己班级开展的主题活动去寻找相关的材料即可。想让幼儿有充分的想象力与创造力，就得给予他们足够的空间与丰富的材料。

储物间

材料超市布局图

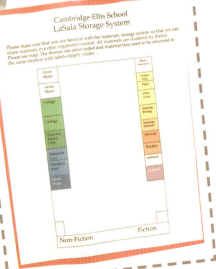

同理，想让教师有更多的专业自主权，从而发挥更大的教育价值，就要帮教师先把基础配件准备好。

门上的材料指示图

盒子上的塑料标识

清晰的标识

园长告诉我们，幼儿园的各种材料都被分门别类地放置在这里。她随意打开了其中的一扇柜门告诉我们，每个材料盒都有编号，盒上会贴有材料明细的标签。此外，柜门上还贴有这格柜子中所有材料盒的指示图。虽然材料的数量繁多，但是教师寻找起来毫不费劲。

发现7：
与游戏相结合的艺术创作

在一点也不花哨的走廊中，全是幼儿的作品、创作过程中的照片以及创作时的故事。

这些作品与国内幼儿的作品相比，好像没有什么特别的，但是当我们看到墙上贴着的那些幼儿创作作品的过程时，顿时感叹大不一样。

走廊中的作品

有着树干的天然纹路

这幅圆筒状作品是幼儿在树干上完成的。

色彩树干

这幅作品的创作方法是：幼儿将蘸有颜料的海绵投掷在纸上创作出来的，简单来说就是扔着画出来的。

扔着画

Sponges are not just for household chores.

Sponges can also create beautiful designs in art. Throwing paint-saturated sponges at a wall is little unconventional, but that's they way we roll here at CBS Summer Program!

All it takes is a big wall, heavy weight paper to cover that wall, trays of paint sponges (I cut these into quarters) and children who don't mind getting hosed down when the painting activity is over.

这幅作品的创作方法真是让人意想不到。这是由幼儿拿着画笔玩滑梯时创作的，简单来说就是滑着画。

滑着画

从幼儿作画的方式可以看出，在剑桥艾利斯学校，艺术跟游戏是紧密联系在一起的，因此幼儿在创作的时候是完全放松和自由的，而且这种艺术创作游戏充满了趣味。

走廊里悬挂的每件作品，教师都可以讲出一个有趣的故事。在故事中，我们能读到幼儿的疑惑、讨论与发现。教师为幼儿拍的照片并不是给家长看的，而是为了将幼儿的成长记录下来。幼儿的每件作品也并非是为了所谓的"环创"而创作的。在这里，教师的眼里有幼儿，环境因幼儿而存在。

When children heard that they were going to be coloring while sliding,they looked a bit skeptical. This was not exactly conventional.

There were a couple of believers in the group. Once those children put color on the paper,others soon followed.

This is how it all went down ... literally!

Oil pastels on paper

质朴中的美感

发现8：
质朴与美感的融合

这里的围栏、隔断物、家具都是木制的；没有刷上鲜艳的油漆，都是木头原本的颜色。外墙也是最本色的红砖，未加任何修饰。在这种返璞归真的环境中，教师恰如其分地增添了少许色彩与图形的点缀，让整个环境充满了简朴的美感。

活力十足的墙面

室内的墙体也基本保留了原始的红砖，偶有几处刷上了灰色或白色的墙面漆。但就在这样朴实无华的墙上，教师陈列了一些幼儿的手工作品、照片和绿色植物，使整个墙面显得活力十足。

我们感受到幼儿园里无处不在的美感。这里的环境自然质朴，富有艺术感，更重要的是还融合了园所文化与教育理念。

无处不在的美感

写在结尾

虽然我们没有深入去体验幼儿园的主题活动，但单是观察这样的教育环境便能让我们足以感受到作为教育工作者对幼儿满满的尊重与诚意。

皮亚杰告诉我们，儿童是在与环境的交互作用中主动建构经验的。环境就像一面镜子，呈现出不同的关系：是平等的、具有弹性和张力的，还是压抑的、封闭的和刚性的？在关系背后蕴藏着一定的哲学理念，蕴藏着每一所幼儿园及教师所秉承的教育信念和课程价值取向。

最后 1b+ 老师想说，每种教育活动所处的地域不同，反应的价值取向就会不同。唯一不变的是，离幼儿近一些，离适合幼儿的教育也会近一些，即"让幼儿表现自己，让教师发现幼儿"。

扫一扫二维码，观看视频

作者：李砚君　　拍摄：李砚君、张笑颖、宋雪珠、夏竹筠
审稿：颜萍萍
（文中部分图片由幼儿园提供）

12 这里没有班级、没有晨检，百分之百尊重儿童

——走进德国比肯费尔德市阳光幼儿园

START!!

园所简介

特别鸣谢：德国比肯费尔德市阳光幼儿园

德国比肯费尔德市阳光幼儿园是一家日托机构，相当于中国的幼儿园和托儿所，在德国被统一称为机构。

总体介绍

世界上第一所学前教育机构的创始人福禄贝尔就诞生于德国这片土地。1990年德国颁布了《儿童及少年福利救济法案 (SGB VIII)》，这份文件奠定了德国幼儿园组织结构的基础。法案指出："幼儿园的任务涵盖了对幼儿的看护、教育、培养及符合幼儿自身和家庭的需求的引导工作。""对进入幼儿园的幼儿，应该注重培养他们独立自主和团体协作的品质。"在这两条目标当中，却没有任何关于技能类的要求。

○ 德国幼儿园没有班级概念

在这样的大背景下，阳光幼儿园与我们国内大部分的幼儿园有着许多的不同。

在阳光幼儿园里，我们很惊奇地发现这里没有班级的概念，所有的幼儿都可以自由选择自己喜欢的活动室进行游戏，没有固定的教师带领或主导活动，幼儿要做什么、和谁玩、去哪里玩全都由他们自己决定。

阳光幼儿园

在幼儿园门口的宣传栏里，贴有一张小房子指示图，上面画出了每间活动室，并且用简单的方式标识出了这间活动室的用途。比如，画有几块积木的就说明这间活动室是建构室，这样直观的方式能让人一眼就知道幼儿园里活动室的布局。在每间活动室的指示图上，还贴有教师的照片，表示今天是哪一位教师在这间教室里工作。教师所管理的不是传统意义上一个班级的幼儿，而是看护和观察在自己管理的这间教室里的幼儿。

○ 德国幼儿园的一日生活

这是一张幼儿园的一日活动安排表，方便读者了解整个德国幼儿园的一日活动时间安排。

幼儿园一日活动安排表

时间	安排
7：00 开园	7：00~11：00，这段时间都可以吃自己从家里带来的早餐
8：45~9：00 小组活动（circle time）	幼儿可以自由地选择自己感兴趣的小组，和成员围坐在一起进行唱歌、点名等活动，但是并非所有的幼儿园都有集体活动的时间
9：00~11：00 自由活动	幼儿可自由地进入活动室进行游戏。这些活动室类似中国的特色活动室，如：创意活动室、科探活动室、特色生活活动室等
11：00~11：30 整理与准备时间	11：30，来园半天（上午）的幼儿将被校车接回家
12：00 午餐时间	托班以下年龄段的幼儿，将会提早至11：15开始午餐。注：午餐是幼儿园通过第三方购买的半成品，幼儿园不设置厨房，食物是直接通过微波炉加热后，提供给幼儿食用的
12：30~17：00 午睡或自由活动	午睡时间不固定，也就是幼儿爱睡就睡，不爱睡可继续玩，但是不能打扰别人。睡醒了以后，也可继续玩
17：00 关园	

以上内容就是对于德国典型的日托机构的简单描述。在这里，幼儿是完全自由自主的，教师也是闲适淡定的。

公共区域

幼儿园门口只有一块小牌子，上面写着"请随手关门"。园长会亲自在门口统计来园的幼儿情况，包括是否吃午饭、坐校车等，而这些情况都是由幼儿自己和园长交流的。

请随手关门！

门口的小牌子

○ 换鞋区

换鞋区

进园后，幼儿会脱下外套，换上室内的鞋袜，直接去玩游戏。我们总觉得少了点什么，仔细一想，原来是因为没有晨检，也没有卫生教师这样的角色出现。为什么德国的幼儿园没有晨检？这样会不会爆发传染性疾病呢？

原来晨检的工作不是不做，而是由家长在家里就完成了。在入园的时候，家长需要和幼儿园签订一份协议，保证送去的幼儿是健康的（本来就长期患有慢性疾病的幼儿另当别论），所以才会出现我们在幼儿园看到的情景。在德国，每一位家长都有责任在家里就为幼儿做好健康观察和检查的工作。

○ 晨间活动和用餐区

在阳光幼儿园，我们只看到早晨有个短暂的小组活动时间（circle time）。教师和幼儿围坐成一圈，用唱歌的形式互道早安，说说今天的日期，玩些集体的小游戏。后来我们才发现，这个活动时间也不是固定的。在德国，很多的幼儿园并没有统一的集体活动时间，幼儿自己决定去哪间活动室玩，自己决定何时去餐厅吃点心（7:00~11:00），并且有强烈的自我服务意识，例如：自己选择用餐的位置；自取餐具；用完点心自己收拾餐具等。

选择自己喜欢的椅子

过生日的幼儿才能坐的椅子

自取餐具

自己收拾餐具

○ 垃圾收纳区

这里可不是玩区角游戏的地方，这些垃圾桶也不是教玩具，而是真实的生活体验场。

垃圾分类

○ 楼梯

楼梯上的标识除了能让幼儿认识数字外，还方便教师点数幼儿。每一格楼梯上都能站一个幼儿，这样楼梯被站满后，教师就知道有几个幼儿了。

标有数字的楼梯

○ 穿衣和穿尿布区

在阳光幼儿园，有的幼儿穿长袖、长裤和地板拖鞋；有的穿着短袖、短裤和袜子；有的穿着背心、赤着脚；有的只是下身包着一片尿布，光着膀子和腿，赤着脚，欢快地在水池边舀水玩，教师也不会过多干预幼儿的穿衣情况。

在低龄幼儿的活动室旁，专门设有一间给他们换尿布的地方。据园长介绍，会有一名教师带着幼儿去这个房间换尿布，时间是 15~20 分钟。是的，没有搞错，是 15~20 分钟！

我们心里暗自疑惑，换尿布为何要 20 分钟这么长的时间呢？

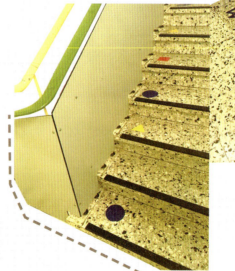

贴有图形贴纸的楼梯

换尿布区

园长告诉我们，在这个过程中，教师可以让幼儿自己尝试、摸索，充分认识自己的身体，学习如厕的方法。

正好这时有一名教师带着刚才那个只穿着尿布的幼儿来到这个房间。这个白白胖胖的小家伙坐在换尿布台上，教师给了他两只小袜子，他正正反反捣鼓来捣鼓去，各种尝试，想要把肉肉的小脚塞进袜子里，但都不成功。在这名幼儿充分的尝试之后，教师帮他穿好了袜子，开始准备为他换尿布、穿上干净的衣服裤子等，在这之前，也让幼儿尽情尝试一番。一切都是这样不紧不慢。幼儿虽然还小，自己做不了很多事，但却获得了充分的体验和尝试的机会。

午睡区

○ 午睡

在阳光幼儿园，幼儿用餐、午睡都是按自己意愿进行的。教师会询问幼儿是否需要午睡，如果他表示不想睡，教师绝对不会强求。因此，我们在午睡的房间内，看到的只有寥寥几张床而已，但布置得很温馨。

声音传输设备

这是声音传输设备。当午睡室内的幼儿发生情况时，教师就算在别的教室也能听到。

活动室

○ 自由活动室

短暂的晨间活动之后，幼儿都可以自由进入任意一间活动室玩。为了不打扰幼儿的活动，我们分散去了不同的活动室默默观察，其间有个可爱的小男孩一路跟着我从运动室到了建构室，又从建构室到走廊，再跟我到了楼下低龄幼儿的班级。全程他都笑眯眯地跟着我，没有任何教师干预他的行为，全凭他自己的意志在幼儿园内自由走动。

幼儿园在一楼专门设置了低龄幼儿的活动室，里面提供了适合他们年龄的环境、玩具，但在走廊里、楼梯上，我们还是可以看到个别低龄幼儿的身影。他们有的在走廊里跟跟跄跄地走动；有的在看高龄幼儿的表演游戏；有的在一名教师的看护下，自己尝试走上楼梯，或者是在没有任何教师的帮助下，在楼梯上一点一点地挪上挪下。

○ 活动室环境

活动室的环境创设非常简单，没有复杂的墙面环境。在活动室的墙上，幼儿可以根据自己的理解，将动物、人物、建筑等造型贴在世界地图的各个区域上。

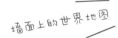

墙面上的世界地图

幼儿还可以选择在这个角落进行编织活动。

活动室门口

编织区

○ 创意活动室环境

说到创意活动室，我们脑海中会浮现艺术活动室的场景，但是这里的创意活动室完全是另外的一种场景。

例如，在一间创意活动室里，我们看到了很多木材的边角料。据园长介绍，这些都是从木工厂免费拿来的用剩下的原料。与此同时，我们也看到了一些意想不到的"高危险系数"工具，这些工具在这所幼儿园内可被幼儿独立使用。当然，园长也表示，在给幼儿使用前，会教会幼儿使用这些工具的方法，并且告知他们这些工具的危险性以及可能带来的损伤。

"高危"工具

在另外一间看似像电脑室一般的房间里放置着许多电脑。教师介绍说，里面的电脑是给高龄幼儿使用的，当他们有需要就可以来这里。我们发现，一旁还摆着一台废旧的电脑机箱，这是做什么用的？据园长介绍，教师经过观察，发现幼儿对电脑本身特别感兴趣，很想知道里面的构造是怎样的，因此他们去废旧物品收购处找到了这台电脑，专门让幼儿拆开探索，培养他们的兴趣。

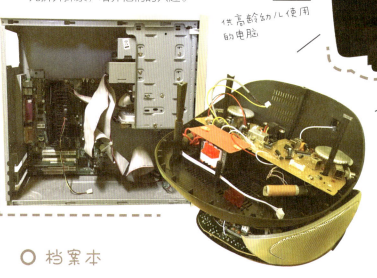

供高龄幼儿使用的电脑

废旧电脑

○ 档案本

在德国的幼儿园，幼儿都有一本专属自己的档案本，里面有幼儿活动的照片记录、有意思的小作品、自己的小档案、一些节日主题的内容等。幼儿平时不仅可以要求将某个作品收录进这本册子，还能在任何时候去翻阅这本属于自己的记录本。当然，如果别人想要看他们的这本册子，还得经过他们本人同意。

园长拿出一本小男孩的档案，在给我们看之前就询问了他本人的意见，结果小男孩表示不愿意，于是园长放回了他的档案，又换了一个小女孩的。在征得小女孩的同意后，我们才能翻看。

建在沙地中的滑滑梯

户外区域

○ 地面

幼儿园户外场地上的游乐设施也是幼儿可以自由活动的区域。这里的地面跟中国大多数幼儿园里的塑胶软地面不太一样，完全是自然原生态的，软软的泥巴和草地也能够保障幼儿在运动中的安全，且更加贴近自然。

○ 小木屋

这个三角形小木屋既可以作为休息的场所，也可以作为攀爬的工具。

三角形小木屋

昆虫旅馆

○ 昆虫旅馆

在户外的场地上，我们看到了一间很奇怪的房子，大家叫它"昆虫旅馆"。教师发现幼儿对昆虫感兴趣，因此用幼儿园节约下来的经费添置了这间小房子，房子里面还收集了各种昆虫喜欢的东西，如：松果、树枝、木屑等。

花坛

○ 花坛

这里的花坛也可以作为幼儿玩土、玩泥巴的区域。

秋千

○ 秋千

1b+ 老师表示，这是我在所有幼儿园中看到过的最美的秋千，繁花满树，地上铺满了飞落的花瓣。在这里荡秋千一定还能闻到雨后清新的花香和泥土的芬芳。

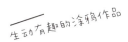
生动有趣的涂鸦作品

○ 涂鸦作品

户外的一片水泥地上还有幼儿和教师的涂鸦作品，颜色鲜艳，画面生动有趣。

以幼儿作品布置的环境

教师的作用

在德国，教师的职责不是做环境，不是制作精美的教玩具，不是上集体活动，而是陪伴与观察幼儿，发现他们的兴趣并提供支持。

教室里除了有现成的玩具以外，还有许多幼儿作品，游戏的材料以低结构为主。在德国的日托机构中，教师的主要任务就是：对儿童的看护、教育及培养。对这三项任务的实施，幼教老师会有不同的方案：

1. 封闭方案。所有幼儿在一个班级，幼教老师负责各自的幼儿。

2. 开放方案。所有幼儿可以在幼儿园内的不同房间区域活动，和所有幼教老师都有交流；部分幼儿会由专职老师负责（根据家长的特别需要）。

3. 半开放方案。所有幼儿在一个班级，但在特定时段，幼儿可根据自己的兴趣进行不同的小组活动。

写在结尾

德国幼儿园让我们感受最深刻的还是，德国日托机构工作人员的责任心、爱心、包容心以及受到的社会尊重。在德国，日托机构中发生意外伤害事件，园方和教师是免责的。因为类似的事情完全可能发生在家庭、社区以及其他任何公共场所，日托机构已经为幼儿提供了超出家庭水平的安全设施。在德国，幼儿园中也没有任何设备是用来监督教师工作的，一切基于社会互信。

作者：宋雪珠　　拍摄：宋雪珠
审稿：颜萍萍
（文中部分图片由幼儿园提供）

扫一扫二维码，观看视频